rowohlt

Elfriede Jelinek **WINTERREISE**

Ein Theaterstück

Rowohlt

3. Auflage November 2015
Copyright © 2011 by Rowohlt Verlag GmbH,
Reinbek bei Hamburg
Alle Rechte vorbehalten;
sämtliche Aufführungsrechte (Bühne, Film,
Funk, Fernsehen) beim Rowohlt Theater Verlag,
Reinbek bei Hamburg
Buchinnengestaltung Joachim Düster
Satz aus der Centennial PostScript bei
hanseatenSatz-bremen, Bremen
Druck und Bindung
CPI books GmbH, Leck, Germany
ISBN 978 3 498 03236 4

WINTERREISE

EINS

Was zieht da mit, was zieht da mit mir mit, was zieht da an mir? Mein Schatten kann es nicht sein, den habe ich ans Vorbei abgegeben, der war die ganze Zeit hinter mir, bin schon mehrmals an ihm vorbei, er wollte nicht mit, er wollte nicht mitziehen mit mir. Kann man ihn eigentlich vorauswerfen und dann entschlossen in ihn hineinspringen? Kann der Schatten das, was war, durchbrechen, indem er vor mir herläuft? Keine Ahnung. Ich spreche mit mir selbst, sonst spricht ja niemand mit mir. Ich stecke bis zum Hals in meinem Scheitern. Ich stecke in meiner Wanderpflicht, man nimmt mich in die Wanderpflicht, man nimmt mich dort auch noch hinein, aber man läßt mich dort nicht, ich kann dieser Pflicht ohnedies nicht genügen, das weiß man. Wer weiß, wer das weiß? Egal. Ich genüge nicht. Wem genüge ich denn nicht? Wer sagt, daß ich nicht genüge, meinem eigenen Leben nicht genüge, in der Schule des Lebens ein Nichtgenügend bekommen muß? Ich wollte recht zeitlich kommen, damit man nicht merkt, daß ich da bin, und mich nicht hinauswirft, wollte mich klein machen, aber die Zeit ist nicht meine, diese Zeitlichkeit war auch nicht meine, ich komme aus einer andren Zeitlichkeit, nicht aus dieser, habe ich mir eingebildet, aber das ging nicht. Kann man auch sagen: Zu zeitig, zu unzeitig bin ich, eine Übriggebliebene? Da ist die eine Wirklichkeit, die der Zeit, da ist die andre: ich.

Wollte bleiben, aber man kann sich nicht NICHT wiederholen, wie die Geschichte oder die Zeit, beide wiederholen sich nie, das ist bewundernswert, die Geschichte ist bewundernswert, die probiert es wenigstens immer wieder, die versucht, sich wie von selbst zu wiederholen, und sie scheitert immer wieder an sich selbst, das ist ja klar. Aber die Zeit bewundere ich schon auch. Sich niemals zu wiederholen, das ist schon was! Immer gehen, immer nur gehen, sogar die Uhr macht da oft schlapp, auch die kann nicht immer nur gehen, die geht manchmal ein wie ein Mensch. Ich schalte mich ebenfalls auf schnellen Vorlauf, aber immerhin, beim Vorlauf geht es auch zurück, beim Verlauf nie. Sagen Sie das mal der Zeit! Die geht nie zurück. Man glaubt zwar, man wäre zurückgegangen, aber man ist es nie. Sogar das Vorbei läuft vor, es läuft voraus, man läuft unwillkürlich mit, das Vorbei ist ansteckend, es hat ein ansteckendes Lachen, wenn man an ihm vorübergeht, an diesem Lachen glaubt man es zu erkennen, dreht sich freudig um, als würde man erwartet, so ein liebes Lachen, direkt einladend!, aber das ist dann schon nicht mehr das Vorbei, das man kennt, das man doch kennt, denn man kennt ja nur das eigene Vorbei, das Verlieren von Möglichkeiten, ein andrer hat sein eigenes Vorbei, verliert seine eigenen Möglichkeiten, verliert seine eigene Zukunft, aber meine muß ich schon selber verlieren. So ein liebes Vorbei, es hat mir gefallen, doch als ich es hatte, hab ich es nicht zu schätzen gewußt, es wird ein viel schlimmeres Vorbei kommen, es wird wie ein Mondenschatten über etwas Helles ziehen, das ich hätte sein können, wenigstens ein Mond, aber dreh dich nicht um, es ist nur das Vorbei, an dem ich vorbeikommen werde, nein, an meiner Zukunft werde ich vorbeigehen, das Vorbei, an dem bin ich immer schon vorbeigekommen, das

Vorüber, ach vorüber, habe ich immer schon eingeholt, über das bin ich gleichzeitig immer schon hinaus, das Gegenteil von Achill und der Schildkröte, darüber bin ich immer schon hinaus, weil ich es immer schon eingeholt haben werde. Aber auch dieses freundliche Vorbei werde ich nicht festhalten können, ich versuche, nach vorn zu laufen, um das nächste Vorüber, den wilden Knochenmann, der unweigerlich kommen wird, noch aufzuhalten, aber ich erwische ihn nicht, knapp daneben ist auch vorbei, sehen Sie, genau! Das ist auch ein Vorbei, doch als ich es erkenne, bin ich schon weiter, und auch das Vorbei ist schon viel weiter, allerdings hinten, es ist hinter mir verschwunden, egal, ob ich es bedauere oder betrauere oder mich darüber freue, es ist verschwunden, es ist weg, das ist weg, das Heulen höre ich, aber es ist nie dort, wo ich bin, nie dort heult es, es heult immer dicht hinter oder dicht vor mir, das Vorbei heult, weil es sich angeschlagen hat, mein Vorbei ist sogar besonders angeschlagen, wird aber immer freundlicher, je weiter ich von ihm weg bin, ich kann es nur bedauern, daß es mich nicht behalten wollte, ich kann es von vorne nach hinten bedauern, doch nicht von hinten nach vorn, ich bekomme es nicht mehr zu fassen, mein Vorbei, das kommt nicht wieder, am Vorbei kommt man nicht mehr vorbei, an diesem Verlauf hat man teil, aber man wird nie Teilhaber, niemand macht einen zum Teilhaber des Verlaufs, denn man verläuft sich immer selbst im entscheidenden Moment.

Natürlich kann man sich bei alldem verlaufen, da haben Sie recht, man muß sich sogar verlaufen!, sonst würde einen das Vorbei ja finden, falls es sich die Mühe machte, auf die Suche nach der Zukunft zu gehen, in der man dann schon verschwunden wäre. Aber das Vorbei macht sich nie die Mühe, es weiß, das wäre sinnlos. Der schnelle Vorlauf kann auch wieder rückwärtslaufen, aber das Vorbei ist immer vorbei. Es kann anders kommen, es kann wieder kommen, man kann mit ihm mitgehen, aber vorbei ist vorbei. Im Scheitern einen Zugang zu sich gewinnen, das wäre vielleicht möglich, aber schon vorbei, es wäre möglich gewesen, aber es war nicht, ich habe noch Zeit vorzulaufen, aber das nützt mir nichts, die Zeit läuft ja immer in ihrem eigenen Tempo, egal, was ich mache. Ich grüble nach, aber es nützt mir nichts. Ich kann nicht darauf verzichten, kann nur die Türe schließen, was dahinter war, ging mich etwas an, was jetzt kommt, geht mich auch was an, doch ich kenne es nicht. Ich werde es schon noch kennenlernen, aber jetzt kenne ich es noch nicht. Ich werde noch an dich denken. Aber als du da warst und ich nicht an dich denken mußte, denn du warst ja da, da habe ich nur an das Zukünftige gedacht, an dich als meine Zukünftige, an die sinnlose, lächerliche Zeit, die ich ohne dich verbringen würde können, bis du meine Zukünftige geworden sein würdest, darauf habe ich mich gefreut, doch am Vorbei kann ich mich nicht mehr erfreuen. Man hat mich hinausgeworfen, als ich dachte, das ist es jetzt, das ist jetzt die Gegenwart, das bist du, meine Zukünftige, oje, vorbei!, ich sage nichts mit Gegenwert, obwohl es naheliegt und obwohl ich das gut sein könnte, dieser Gegenwert für die Gegenwart, obwohl ich es der Gegenwart mit gleicher Münze heimzahlen könnte, mit der sie mich verkauft hat, verraten und verkauft, aber diese Münze ist heute schon ungültig, denn es ist vorbei, und da gilt eine andre Währung, die aber auch nicht ewig währen wird, so sehr ich mir das auch wünschen mag. Ich schaue etwas an. Ich schaue. Ich sehe eine Tür, auf der mit Kreide etwas steht, das leicht wegzuwischen sein wird, etwas Flüchtiges, man sagt ja, die Zeit flieht, na, eigens vor mir wird sie nicht fliehen, sie wird vor allem fliehen, auch vor mir, sie wird eine Massenflucht einleiten, in der ich nicht weiter auffalle, die Zeit flieht ja vor allem, ohne Angst, sie flieht, ohne Eifer, ohne Furcht.

Alles ist fort. Ich erinnere mich schon nicht mehr, etwas an eine Tür geschrieben zu haben, denn das Vorbei kann man zwar kennen, man hat es ja erlebt, aber was geschrieben wurde, ist in der Gegenwart immer ungültig. Dafür kriege ich nichts. Da wird etwas andres geschrieben. Kreide kann man immer ganz leicht auslöschen, fast so leicht wie Menschen. Für das Gehabte gibt mir keiner was, das vorbei ist, bevor ich es wirklich hatte, denn es ist nur mein eigenes Vorbei, aus dem ich mir selbst nicht mehr vorkommen, an mir nicht mehr vorbeikommen kann in die Gegenwart, in der ich dann nicht mehr vorkommen werde. Suchen Sie sich Ihr eigenes Vorbei! An wen hab ich gedacht? An wen? Das war gestern, aber das ist vorbei. Heute denke ich auch an dich, aber das ist ebenfalls vorbei, in dem Augenblick, da ich an dich denke, ist der Augenblick schon vorbei, jener, in dem ich an dich gedacht habe, und der andre auch schon, in dem ich denke, als ob ich an dich als an jemand anderen denken würde. So, jetzt laufe ich mal ein Stück an meinem Vorbei vorbei, um mir in ihm ins Gesicht sehen zu können wie in einem Spiegel, aber das geht nicht. Vorbei ist vorbei, und ich bin bereits ein anderer. Wüßte ich, wer ich gestern war, ich weiß es ja!, ich erinnere mich, wer ich war! Aber das nützt mir jetzt nichts, denn wüßte ich, wer ich gestern war, könnte ich mich morgen, nein, morgen ist was andres, könnte ich mich schon jetzt nur noch nachmachen. Ich würde meine eigene Imitation werden. Was sollte ich denn länger weilen? Man wollte mich vielleicht als einen anderen, aber der wäre ich bestenfalls morgen oder übermorgen, im Vorbei wäre ich niemand. Niemand in einem schwarzen Loch der Zeit, die nur das Vorüber kennt, obwohl sie uns serviert, was kommt. Sie gibt uns freigiebig, was kommt, sie nimmt uns gnadenlos, was war, sie nimmt uns das Vorbei, obwohl wir ständig an allem vorbeigehen. Wüßten wir, wie wichtig es einmal werden wird, wir würden stehenbleiben und es genießen, doch das geht nicht. Wir können nicht anders. Vorbei ist vorbei. Fragen Sie die Zeit! Sie wird es Ihnen bestätigen. Vorbei. Ich kann nicht anders. Muß selbst den Weg mir weisen, aber der geht dann auch immer nur an meinem Vorbei vorbei. Jetzt bin ich zwar da. Aber nützt mir das was? Nein. Denn ich bin da und auch schon wieder weg. Ich bin jeweils weg, wann immer ich wo bin. Ich bin die Zeitweiligkeit, nein, das Jeweils, und das alles ist jetzt weg. Die Gegenwart versteht sich nie, sie versteht sich nicht als Zukünftiges, und sie versteht sich nicht als Jetzt. Und als Vergangenes will sie sich meist nicht verstehen. Ich verstehe auch nicht. Was sagten Sie? Ich verstehe Sie nicht. Sprechen Sie lauter! Die Liebe? Sprechen Sie bitte lauter! Was meinen Sie damit? Meinen Sie damit das, was vorbei ist? Also ich bin nicht an ihm vorbeigekommen, aber vielleicht ein anderer, der sie erkannt hat, die Liebe. Ich nicht.

ZWEI

Die einen weisen ab, die andren weisen an. Diese Anweisung weist nichts aus, nicht, woher sie kam, nicht, wohin sie geht. Nur der Ausweis weist aus, wir weisen niemanden aus, das wäre ja noch schöner. Wir gönnen jedem Menschen etwas. Wir füllen Anweisungen aus, wir weisen Weisungen vor, wir weisen Menschen ein, die eigentlich ausgewiesen werden müßten. Wir pfeifen den armen Flüchtling noch aus. Es ist nicht genug. Der Wind spielt an sich herum, der Wind will auch seinen Spaß, er kommt, er kommt!, es kommt ihm, es heult, es heult. Irgendwas klappert da. Die Braut wird geschmückt. Verstehen Sie, was das heißt, die Braut wird geschmückt?, damit sie reicher aussieht und ihr jemand ein Preisschild aufsteckt, ich meine, damit ihr jemand die Wahrheit steckt? Aber hinter der Wahrheit steckt auch noch jemand, hinter der Wahrheit steckt immer ein kluger Kopf, der sie im richtigen Moment zurückhält. Es kommen Fragen auf. Diese frisch geschmückte Braut soll mir das Paradies auf Erden bereiten, doch sie bereitet mir nur das Steuerparadies, allerdings in einem paradiesischen Land: die reiche Braut, ihr werden Privatstiftungen untergeschoben, dem Schleier untergeschoben, damit man die verstohlenen Bewegungen der Braut darunter nicht sieht. Das Geld ist Braut. Nicht die Braut ist reich, das Geld ist reich, es macht nicht reich, es ist selbst reich, es genügt sich selbst, auch wenn es jede Menge Abnehmer gibt, damit es nicht abnimmt. Damit ihm jemand seine Last abnimmt.

Das Geld ist eine Last für sich. Wohin? Wohin zeigt die Wetterfahne, das verspielte Ding, einmal hierher, einmal dorthin? Zum Beispiel hier, was findet es hier, was findet das Geld an uns? Nichts, denn es findet uns ja nicht. So. Diese Braut soll an die Börse, da muß zuvor noch viel Schmuck dran, die ist so flatterhaft, einmal schaut sie den an, ein andres Mal jenen, der Schleier kommt erst später drüber, also, was machen wir jetzt, damit sie reich wird oder zumindest reich aussieht? Damit sie geheiratet wird von der größeren Bank, der größeren Bank, auf der diejenigen sitzen, die nur sich was gönnen, die in ein großes Haus hineinbefördert werden wollen, und das große Haus soll dann nach der Hochzeit geradestehen für die Braut, die hinter allen Augen, hinter allen Blicken heimlich geschmückt wird. Keiner soll sie vor der Hochzeit zu Gesicht bekommen. Die Wetterfahnen quietschen im Wind, da ist einer, der sie dreht, dreht wie wild, und das ist nicht der Sturm, an diesen Wetterfahnen wird eindeutig gedreht, da dreht doch jemand!, da dran ist doch gedreht worden, sehen Sie das nicht? Da hat einer einen Dreh gefunden, und jetzt quietscht es am Dach mit dem aufgesteckten Schild, das alle abwehrt, die nichts haben, die flüchtig sein müssen, für immer, die keine schöne Braut finden, die weitergehen müssen, mit deren Herzen gespielt worden ist, in deren Köpfen der Wahn haust, nein, nicht einmal der, denn der Wahn ist die Leere schlechthin. Der Wahn ist die Frage. Der Wahn ist die Frage, die keiner stellt. Die anderen, ohne schöne Braut, die müssen in die Leere hinaus, wo nur noch der Wind mit ihnen spielt, sonst spielt mit ihnen keiner. Die Braut dreht sich jetzt auch, sie wird gedreht, im schwerfälligen

Tanz, im langsamen Tanz, damit ihr nichts rausfällt unter dem Kleid. Dann plötzlich ein Stampfen, ein Auftrumpfen mit den Füßen. Entsetzlich schwappen ihr die Röcke über den Kopf, wie schmutziges schneegeschmelztes Wasser, wie Bündel von Ruten, Bündel von Scheinen, es gehen geschmalzene Rechnungen ein, diese Hochzeit ist teuer und wird noch zu bezahlen sein, es wird abkassiert, und die armen Rechnungen bleiben dann am Boden liegen, wer bezahlt? Wer bezahlt was mit seinem Herzen, an dem die Braut vorüberzieht, donnernden Schritts, in den eigenen Nachhall hinein, vorwärts und rückwärts zugleich?

Die Erde dröhnt von ihrem Stampfen beim Hochzeitstanz, der Schmuck fliegt von ihr fort, ihr Haar fliegt von ihr ab, sie stampft und walzt, sie tanzt und kracht, die Braut tanzt. Sie schaut unter ihrem Schleier hervor, ob sie nicht jetzt schon scheitert. Nein, sie scheitert nicht. Das ist ganz unmöglich. Man hätte sie nimmer suchen sollen, aber man hat sie gefunden, und keiner ließe sie gehn, die bei Gesamtaktiva von 1,29 Mios Verbindlichkeiten von 1,43 Mios ausweist, diese Braut weist sich noch mit ihrem alten Namen aus, diese Hyper-Braut, die hochnervöse Braut, die ihre Geheimnisse hat und dafür die Alpen sehen durfte und das Meer und Schiffe und Autos und Flugzeuge, aber bitte, warten Sie! Es ist noch nicht freigegeben, die Braut ist noch nicht freigegeben, aber bald. Ich weiß, Sie können es kaum erwarten, aber Sie müssen! Auf eine Braut wartet schließlich jeder, der eine braucht. Da stellt die Braut Forderungen, da stellt eine frühere Braut nachrangig gestellte Forderungen an eine Privatstiftung, das ist eine Verbindlichkeit, die aber nicht zu beachten ist. Da stellt eine spätere Braut vorrangige Forderungen an ihren Bräutigam und rückwirkende Forderungen an den vergangenen Freier, den sie einst wies hinaus, da stellen Freier, wir sind so frei!, Forderungen an spätere Bräute, da weiß keiner, wer was von wem gefordert hat, nur die Finanz hat nichts zu fordern und nichts zu melden, denn: Die Braut tanzt! Das muß der Finanz doch genügen, das muß ihre Forderungen abdecken, die Braut stampft den Boden, den Tanzboden, wo die reichen Bräute tanzen und ihre Bräutigame herumschleudern, daß es nur so kracht.

Die Stiftungsvorstände, die sie selber sind, die sich selbst gehören, weil ihnen die Stiftung, die sie sind, ja auch gehört, weil sie die Stiftung sind und sie ihnen gleichzeitig auch gehört, nein, umgekehrt, sie gehört ihnen, und sie sind daher die Stiftung, ich weiß es nicht: Haben Sie gehört, daß das alles den Stiftern gehört, daß die Bank diesen Stiftern gehört?, nein, ich habe nichts gehört, das nennt man schon nicht mehr einen Stift, das nennt man eine Stiftung, es sind so viele, es ist so viel, in die Stiftung, deren Eigner wir nennen könnten, ist so viel eingeflossen und wieder raus, jawohl, bis dahin stimmt es, die Bräutigame können wir nennen, und die Bräute kennen wir auch, die freuen sich alle auf diese Hochzeit, kommt ja schon, bitte warten Sie, kommt ja schon! Bitte schweigen Sie über das Vorleben der Braut, sehen Sie nur ihr zukünftiges Leben, bitte leben Sie, leben Sie jetzt, diese Braut wartet extra auf Sie, sie wartet und wartet. Sie hat all ihre Kinder verschwiegen, der Finanz hat sie sie verschwiegen, dem Bräutigam hat sie sie verschwiegen, uns allen hat sie sie verschwiegen, aber bitte, das macht doch nichts! Das macht gar nichts, denn diejenigen, denen sie sie verschwiegen hat, werden sie trotzdem heiraten, ja umso lieber heiraten, das Kind, das eine reiche Braut ist, umso lieber heiraten, denn ihr Reichtum öffnet ihnen die Welt, eine ganze Welt, nicht nur die Alpen, nicht nur die Adria, nicht nur das Hypersuper-Irgendwas, nein! Die öffnet Beteiligungen überall, diese Braut ist nicht unbeteiligt an ihrem Schicksal, diese Braut hat Beteiligungen und öffnet sie, das Liebchen öffnet sie für die Seinen, sie eröffnet ungeahnte Beteiligungen, die der Bräutigam zwar geahnt, aber nicht geahndet hat, er wollte ja unbedingt heiraten, er wollte diese Braut unbedingt heiraten, er hat sie gekauft, die Braut, doch er hat von nichts gewußt, er sah die reiche Braut lachen, geputzt für ihn, aber er hat nichts gewußt, er hat nur den Schmuck gesehen, er hat nur ein treues Frauenbild im Haus gesehen, das ihm zugewunken hat.

Seine Braut hat Oasen, sie hat Fata Morganas, sie hat Morgengaben und Abendgaben, sie hat Steueroasen und eine Privatstiftung, der Wind spielt mit ihrem knatternden Kleid, doch was darunter ist, so viel, wie darunter ist, das sieht nur der nicht, der sie jetzt heiraten wird. Der sieht nur, was sie anhat, aber er weiß gar nicht, was sie hat und wer sie hat, er ist geblendet, der Bräutigam, und sieht nicht diejenigen, die seine Braut genauso genießen wollen wie er, er sieht nicht die fünfzig Genießer, die seine Braut genießen werden, kaum daß geheiratet wurde, er sieht nicht die dunklen Gründe, die sich auftun, er sieht nicht die Abgründe, in die man ihn hineinstürzen wird, er sieht nicht, daß die fünfzig Genießer dann auch ihn genießen werden, er sieht nicht, daß alle genießen werden außer ihm, er sieht nicht ihre Gewinne, er träumt nur von seinem eigenen Gewinn, aber nichts da!, nichts da. Der Bräutigam genießt bald nicht mehr, viele genießen an seiner Statt, anstatt seiner, sie genießen im Großen, sie genießen in vollen Zügen, die Gesellschaft genießt nicht, aber die Gesellschaften, die genießen schon. Die immer genießen, die tun das auch diesmal, wann denn, wenn nicht bei einer Hochzeit! Die großen Gesellschaften, die brauchen keine Genußscheine, die genießen gleich so, die fressen die Braut gleich aus dem Papier, die fressen aus ihrem Hochzeitskleid, die fressen die reiche Braut, das Kind, das eine reiche Braut ist, die vielen Kinder, die vielen Beteiligungen und Gesellschaften, die alle reich sind und reich machen, wenn auch nicht uns, wenn auch weit weg, wenn auch auf Jersey oder den aus riesigen Mäulern zahnbewehrt grinsenden Kaimanen, auf dem Kärntner Berg des St. Ulrich oder in den Tälern, wo die Jachten herumschießen und sich immer auskennen, obwohl es nicht Wasser ist, worauf sie schwimmen. Der Bräutigam steht mit leeren Händen da. Er kann jetzt durch die Finger schauen, weil alles abgeronnen ist, was er zu halten glaubte. Der Bräutigam kann seiner Braut nur noch nachwinken. Andere haben sie ihm genommen. Er ahnt es schon, er weiß es schon. So hätt er nimmer suchen wollen im Haus ein treues Frauenbild. Der Bräutigam wollte die Braut, nur sie hat er gesehen. Er hat nicht richtig unter ihr nachgeschaut. So. Der Wind spielt nun mit seiner nutzlosen Wetterfahne. Die braucht er nicht mehr. Der Bräutigam hat vor der Hochzeit nicht rechtzeitig nachgeschaut, was er da wohin stecken sollte. Keiner hat ihm ein Licht aufgesteckt. Er wollte kaufen. Er wollte unbedingt kaufen. Er hat nichts gesehen. Diese Braut mußte einfach heiraten, doch das hat er nicht gesehn. Die fällt immer auf die Füße und wird geküßt, aber von anderen, nicht vom Bräutigam, die Braut wird gefreit, sie ist nicht frei, sie ist ja Braut, sie ist nicht mehr frei, sie ist umso freier, je mehr sie Braut wird, erst jetzt hat sie alle Freiheiten.

So ist das nicht gedacht gewesen, so wird es aber gemacht. Ihr Bräutigam küßt sie jetzt, aber mehr kriegt er nicht von ihr. Die Braut ist ein Gewinn. Aber nicht für den Bräutigam. Sie ist der Hauptgewinn. Sowas gibt man nicht einfach aus der Hand, alles nehmen und dann sperren, dann die Sperrminorität erwerben und sperren, die Braut gehört als Sperrminorität dieser Stiftung, damit sie nicht stiften geht, bevor sie geheiratet wird. Stiften sind andre gegangen, andre haben mit ihr eine Stiftung gezeugt, diese Braut, die bleibt gefälligst da und schaut sich alles an, was ihr gehört. Sie sitzt auf einem Stein und zählt. Die Braut zählt ihren Schmuck, die reiche Braut zählt, was ihr gehört, es gehört ihr die Sperrminorität an der Adria, der schönen Adria, so schön wie die Braut, das Meer, ein Meer an Schulden, aber wenn es der Braut gehört, ist es plötzlich was wert und kann gekauft werden. Ja, die Alpen auch. Der Bräutigam greift zu. Der Bräutigam schlägt zu. So billig bekommt er nie wieder eine Braut.

Es wird gelacht. Ich höre Stimmen. Sie lachen. Sie lachen über den Bräutigam. Er kauft. Er kauft die reiche Braut, damit er selbst reich wird. So. Das Meer kann verkauft und gekauft werden, die Alpen können gekauft und verkauft werden, die Stiftung hat die Sperrminorität, und wo was ist, dort kommt noch was dazu. Zur reichen Braut drängt, an der reichen Braut hängt doch alles. In ihrem Speicher verschwindet der Gewinn der Transaktion, der Gewinn des Transatlantiks?, nein, der Gewinn des Verkaufs an den Bräutigam, den Bräutigam, denn der Herr Bräutigam, der einheimische Herr Bräutigam, der noch nirgends war, der noch nirgends herumgekommen ist, der heiratet keine Fremde, natürlich nicht, der heiratet nur diese Braut, die er sich ausgewählt hat. Der Gewinn des Verkaufs verschwindet in der Braut, er verschwindet in ihrem Brautschmuck, unter ihren in Vorfreude tobenden Röcken, unter ihrem im frischen Wind geblähten Schleier, wo alles verschwindet, in ihrem Bukett, wo einiges reingeht, das man nicht durch die Blume sagen kann; der Gewinn verschwindet, die Braut hat den Gewinn gefressen. Die Braut hat den Gewinn aufgesaugt. Die Braut hat ihren Bräutigam nicht gewinnen lassen. Die Braut wurde dem Bräutigam unter den Armen weggezerrt. Unter ihren jetzt schlappen Röcken, in ihrem jetzt schmutzigen Schleier nisten die Pleitegeier und krächzen schon, auch sie wollen ja fressen, das haben sie sich redlich verdient, so.

Das Geld, das wispert nur in den Wipfeln der Bäume, man hört es kaum, doch es ist da. Es ist nichts mehr da. Es ist weg. Der Wind spielt mit der Wetterfahne. Der Wind spielt drinnen mit den Herzen, aber draußen, da spielen wir, da spielen wir, schön wärs, aber spielen tuts nur für uns, bei uns spielt die Musi, da spielen wir mit dem

Schleier der Braut, der sie bedeckt, so lang wie möglich bedeckt sich hält die Braut, aber es verschwindet, etwas verschwindet unter ihrem Kleid, alles verschwindet nach und nach unter dem Kleid. So. Es ist weg. Es hat keiner gemerkt. Das Kleid der Braut wölbt sich vor, der Wind spielt, die Wetterfahne droben auf dem Kamin knirscht mit den Zähnen, aber was kann sie schon machen? Sie kann sich dieser Hochzeit nicht in den Weg stellen, die reiche Braut ist verkauft. Verraten ist sie nicht. Verraten Sie sie bloß nicht! Die Braut ist verkauft, und was für sie bekommen wurde, was erlöst wurde, endlich erlöst, das verschwindet unter ihrem Kleid, endlich erlöst, die Wetterfahne spielt nur noch mit sich selbst, sie spielt an sich herum, und unten, da wird verkauft. Unten, da wird der Verkaufsstand jetzt geschlossen. Auf diese Braut steht keiner mehr. Unten, da wird ausgeschenkt. Nein, zu verschenken haben wir nichts. Jetzt wissen wir, warum und für wen die Braut geschmückt wurde! Für ihren Bräutigam, der es gar nicht abwarten konnte und dafür jetzt ewig warten kann. Der Wind spielt mit seinen Geldbündeln, die er der Braut unter den Rock schiebt, ein alter ländlicher Brauch, die Braut freut sich, sie kriegt immer noch mehr und muß nichts hergeben, sie muß sich selber schenken, nein, schenken nicht, sie muß sich teuer verkaufen, und sie wird auch verkauft, nein, sie wird gekauft, sie zieht errötend an ihrem Kleid, das sich etwas verschoben hat, sieht man was?, nein!, aber die Träger vom BH?, nein, das bleibt alles unter dem Kleid der Braut, die Investoren greifen nach ihr, sie haben ja Genußrechte, aber mehr nicht, wer Genußrechte hat, genießt deshalb noch nicht, aber er darf später genießen. Wer recht hat, dem nützt das noch lange nichts, denn genießen dürfen immer andre. Der Bräutigam genießt nicht. Er genießt nicht und schweigt jetzt auch nicht mehr, aber das nützt ihm nichts. Die Braut steigt über einen Stein, die Hochzeit war längst abgesprochen, sonst hätte man die Braut doch nicht geschmückt, wenn diese Hochzeit nicht schon längst abgesprochen gewesen wäre! So? Aber wieso weiß ich dann nichts davon? Wieso weiß ich dann nicht, wer die Braut geschmückt hat? Ach was! Machen Sie nicht so ein Gewese darum! Das lohnt sich nicht. Das lohnt sich nur für andre Wesen, die Sie nicht kennen und nicht zu kennen brauchen.

Diese Hochzeit war abgesprochen, schon lang, bevor die Bewerber erschienen, war die Hochzeit abgesprochen. Es hätte ja sonst gar keine Bewerber gegeben, es hätte keinen Sinn gemacht, die Braut zu schmücken, wäre die Hochzeit nicht gemachte Sache, abgekartete Sache gewesen. Wäre der Bräutigam noch im letzten Moment stiften gegangen, hätte es keine Stiftung gegeben? Der Bräutigam wäre noch abgesprungen, hätte es keine Stiftung gegeben, in der die Unterstützung der Braut namentlich durch Geldleistungen geregelt worden wäre! Nein, er hat von nichts gewußt und wäre auch keinesfalls abgesprungen. Der wäre doch nie abgesprungen! Auch wenn man ihm das letzte Hemd ausgezogen hätte, wäre er nicht abgesprungen. Er sah doch die Schönheit, die mit jedem Herzen spielt, das ihr unterkommt, und war geblendet. Der Bräutigam ist geblendet worden. Die Braut wurde ihm untergeschoben. Mit der Schönheit ist das schwierig, weil ja jeder sie sieht, und trotzdem wurde sie untergeschoben. Die Mitgift wurde verjubelt. Alle jubeln. Die Mitgift. Was bringt die Braut mit? Das muß alles vor der Hochzeit noch geregelt werden, sonst ist man angeschmiert. Sonst geht das Geschäft mit der reichen Braut nicht, wenn die Stiftung keinen auffängt, der schon vor der Ehe strauchelt. Es wird alles aufgefangen. Es wird alles in Stiftungen aufgefangen. Irgendwo muß es ja hin. Es muß da sein, aber sehen soll man es nicht. Der Bräutigam soll es sehen, aber was er sieht, ist immer das Falsche. Er schaut ja auch immer woandershin. Er schaut nicht nach, wo der Dreck ist. Er schaut nicht nach, wo der Kies ist. Er schaut nicht nach dem Schotter, er sieht nur die schöne breite Straße, die man draus machen kann. Es wird alles unter den Tisch gekehrt.

Die Braut sitzt da und frißt sich fett. Die Braut ist riesig. Diese Braut ist fette Beute für den Bräutigam. Der kann ja gar nicht anders. Es ist alles abgemacht. Die Stiftung stiftet den Schleier und stellt sich dann selber drunter. Mehr Platz ist dort nicht. Die Stiftung wird für die Verschleierung benützt. Die Heirat wird vollzogen. Die Braut ist gewonnen worden. Die Begünstigten werden versorgt und unterstützt, dafür sorgt nun die Braut. Sie ist ihr eigener Gewinn, die Braut. Sie ist ihr eigener Hauptgewinn. Sie kriegt alles. Das Haus gewinnt immer. Das Haus gewinnt immer, das steht auch auf dem Schild, das ihm aufgesteckt wurde. Jede Braut ein Treffer. Wer möchte nicht eine Braut treffen, die dann allein ihm gehört? Die Braut ist die Beute. Die Braut ist die Ausbeute. Ihr Lächeln kommt wie ein Pistolenschuß, den keiner mehr spürt. Die Braut kommt, sie schwankt daher unter dem

Schleier, man sieht sie erst, wenn sie geheiratet worden ist. Dann wird der Schleier zurückgeschlagen, doch alles, was drunter war, ist längst weg. Die Braut ist geheiratet worden. Es fragt sie keiner nach irgendwas. Nie sollst du mich befragen, sagt der Bräutigam, in Wirklichkeit ist aber er derjenige, der dauernd fragt. Doch zu spät. Viel zu spät. Die Braut hat schon Ja gesagt. Die Braut hat schon geantwortet. Die Braut hat aus der Steueroase einen Arm herausgestreckt. Der Bräutigam sehnt sich so sehr. Wenn Sie nur sehen könnten, wie er sich sehnt! Er sieht ja nichts mehr außer seiner Braut!

Na ja. Es trifft keinen Armen. Er würde nie eine Arme treffen. Es treffen sich Arme, aber man sieht es nicht, man erfährt es nicht. Ihr Kind ist eine reiche Braut! Ich sehe dieses Frauenbild jetzt erst genauer an, das Kind ist eine reiche Braut. Herzlichen Glückwunsch. Das Kind ist unter die Haube gekommen. Das Kind ist eine reiche Braut und unter der Haube leider verschwunden. Niemand will Beute sein, und niemand kennt die Spur, niemand kann sie lesen, niemand kann die Spur dieser flüchtigen Beute lesen, niemand kann ihr folgen, niemand weiß, wem er folgen soll. Herzlichen Glückwunsch.

DREI

Abfall des Menschen alles, was er sagt und tut. Das fällt alles von ihm ab, und dann fällt er selbst von sich ab. Der kann sich einfach nicht treu bleiben! Schade, er war der einzige, der an sich gehangen hat. Was bleibt von ihm übrig? Was ist es, das er ist, wenn der Schmerz von ihm abfällt?, und auch der Schmerz ist ja Abfall, er ist das, was man nicht braucht. Was keiner braucht? Was sagen Sie da? Ich bin doch auch ein Mensch, und auch ich bin von mir selber abgefallen wie schmelzendes Eis, dicht an der Haut so warm, dann, wenn das Wasser fällt, der kleine tränenreiche Wasserfall, der immer nur um sich selber weint, dann fällt auch die Kälte mit ab, in einem einzigen Augenblick, und soll ich Ihnen was sagen?, die Kälte fehlt einem dann auch irgendwie. Ich sollte wohl aufgehen in der Gegenwart wie Sonne und Mond, so war ich ursprünglich vielleicht gedacht, aber ich kann das nicht. Ich gehe immer nur in mir selbst auf und merke zu spät, daß ich nicht die Sonne bin, die schon selber längst aufgegangen ist, ich merke, daß ich nichts bin, daß ich niemand bin, daß sich niemand nach mir umdreht. Mir geht ein Licht auf. Immerhin, das ist mir aufgegangen, als ich wieder einmal hinausgeschaut habe, in die Irre geschaut, ins Irren gegangen bin, irrtümlich falsch abgebogen und woandershin gegangen bin, aber schon vorher nicht gewußt habe, wohin ich soll. Ich bin fort und weiß nicht, wie ich dort hingekommen bin, bin verschwunden in dem, was ich sein wollte, was ich alles besorgen wollte, was ich mir alles erträumt habe.

Es wird mir unheimlich. Im Gehen kommt mir bald ein andrer vor, er sagt, daß ich schon weg bin, bloß weil er mir vorgekommen ist, daß ich ein Unglück bin, aber nicht einmal seines, ihn störe ich nicht, aber andre vielleicht, er meint, daß ich mir wohl durch meine eigenen Finger geschlüpft bin, denn als er mich gesehen hat, war ich schon wieder woanders, weiter vorn, und er hat mich bald nicht mehr gesehen. Aber ich bin doch da!, schreie ich. Für ihn bin ich Luft, aber für mich bin ich da, wenn auch als eine Armseligkeit. Eine Bedürftigkeit. Eine Träne. Was willst du denn hier, du Träne? Das ist es, was man zu verschwenden hat, wenn man sonst nichts mehr besitzt: Tränen. Die kommen von selber, wie aus Boshaftigkeit. Doch sie sagen, sie kommen aus dem Leid. Das finden nun wieder sie komisch. Sie spotten mich aus, meine Tränen, ich kann nichts gegen sie tun. Mein Dasein ist wie ein Mäntelchen für die Zukunft, das mich einmal wärmen wird, doch derzeit habe ich grade nur Wärme genug, daß das Wasser als Eis von mir abfallen kann. Gut. Ich habe nämlich gehört, daß die Salzsäure in den Tränen einen richtig verätzen kann. Was auch immer es war, es klirrt jetzt am Boden. Es ist als schlecht hingestellt worden, aber es ist unglaublich gut, daß ich überhaupt noch weinen kann. Ich lebe nicht und kann nichts, bin aber immer noch da. Sofort, wenn ich nach der Uhrzeit frage, wann etwas stattfindet, in dem ich dann selber einmal drankommen könnte, und wäre es selber zu spät dran, etwas, an dem ich teilnehmen könnte, ist heute nicht eine Vernissage oder eine Dichterlesung?, dann frage ich gleichzeitig, wieviel Zeit mir noch bleibt. Ich frage nicht, wieviel ich davon hätte, ginge ich hin, sondern wieviel mir noch bleibt, egal, wohin ich gehe. Ich weiß aber nicht, wovon mir etwas bleiben sollte. Ich weiß nicht, was es überhaupt gibt. Keine Ahnung. Wer nicht lebt, der rechnet. Aber er hat keine Zahlen im Kopf, er hat kein Maß, er hat nichts zu schöpfen, der Schöpfer hat ihn, wie soll ich sagen: ausgelassen? So daß er nie so ausgelassen sein kann wie die anderen. Er weiß ja, wie das ist.

Wieviel bleibt, in dem ich dann auch wieder nichts tun werde? Wieviel bleibt mir von der Gegenwart übrig, was bleibt mir übrig, um die Gegenwart noch zu erleben? Wieviel messe ich mir ab, und wieviel von dem Abgemessenen habe ich schon verbraucht, wenn die Rößlein mit meiner Leiche schrittweis gehen, aber nein, doch keine Pferde, ein Auto, das im ersten Gang anfährt und dann mit einem Mal hinaufschaltet, nein, mit mehreren Malen, höher und höher, bis das Gaspedal hängenbleibt, ein Konstruktionsfehler, aber man muß den Wagen nehmen, wie er kommt, weil man selber nicht mehr gehen kann. Das ist alles, was mir bleibt, ein Pedal, das einen weiterbringen soll, das sich aber festgefressen hat an seinem guten, nahrhaften Fressen. Das ist alles, was man mir später im Spital gesagt hat, und das war zuviel, das wollte ich gar nicht wissen, als ich nur gefragt habe: wann denn nun endlich, wann? Die Zeit läuft vor mir davon, dabei geht von mir keinerlei Gefahr aus, für ein Wann und Wieviel und ein Danach läßt sie sich nicht aufhalten. Man sagt: Es ist vorbei, nicht: Ich bin vorbei. Ich bin an etwas vorbei, doch ich erinnere mich nicht. Die Zeit. Die nimmt alles, das muß sie wohl, sie kann ja nichts dafür, aber mich nimmt sie nie mit. Die nimmt wirklich alles und jeden, aber mich nicht.

Sie nimmt andre in Flugzeugen und Autos mit, sogar auf Fahrrädern, die Zeit hat alle Beförderungsmittel für die Tüchtigen immer dabei, die ist auf alles vorbereitet, je nach Geldbeutel, aber sie nimmt mich nicht mit.

Ich bin keine von denen, keine von diesen Tüchtigen. Ich habe keine Kaufmannslehre gemacht und weiß nicht, wie ich etwas verkaufen soll. Ich habe kein Leben gehabt und weiß nicht, wie ich mich verkaufen soll. Irre ich mich, oder fährt da eine Irre davon, in ihre eigene Irre hinein, als Irrläuferin, als ihr eigener Irrtum, ohne GPS, das sie wieder zurückbringen könnte oder an ihr Ziel oder dahin oder auch dorthin, beides möglich? Und vor wem fährt sie davon, wie eine Irre, vor wem flüchtet sie? Ach was. Sie fährt halt einfach. Immer nur weg! Nichts wie weg! Die Geräte hat sie vorher alle abgestellt, und wo die stehen, dort stehen sie gut. So. Das Pedal hängt jetzt auch. Da kann man nichts machen. Ich denke mir, da ich nichts mehr beherrschen kann, nicht einmal dieses kleine Pedal, das jetzt am Drücker ist, nein, mich auch nicht: Wenn ich also in die andre Richtung reise, vielleicht begegne ich mir dann selbst als ein Jetzt, als ein Jetzt Endlich, jetzt ist endlich was los, und dann bin ich mich endlich los? Das würde aber bedeuten, daß mir die Zeit selbst begegnet, die dasselbe ist wie Leben. Zeit und Leben sind eins. Ein andres Leben als die Zeit ist nicht vorstellbar, ich meine, schauen Sie sich doch die Zeit einmal an, die, wie soll ich sagen?, die geht und ist einfach, die ist immer alles gleichzeitig, indem sie vergeht. Was ginge besser und schneller als die Zeit? Sie geht ja immer gleich. Die geht immer gleich, egal, ob es ihr mit mir gefällt oder nicht. Sie muß gehen. Oje, die muß jetzt gehen. Jetzt schon? Das ist aber schade. Nein. Die Zeit muß jetzt sofort gehen. Was Sie machen, ist ihr egal. Sie hat sich nicht einmal hingesetzt, schon muß sie wieder gehen. Man sieht nicht, wie sie geht, aber man sieht, daß sie geht. Und das Leben verrinnt in der Zeit. Aber die Zeit bin ich doch selber! Anders kann ich mir mich nicht vorstellen. Aber ich kenne mich doch, ich brauche mich mir nicht vorzustellen. Nur als Zeit bin ich für mich denkbar, nur als etwas, das vergeht.

Ich vergehe in mir selbst. Ich löse mich auf als und in Tränen. Ich frage die Zeit nicht, wann ihr Zug abgefahren ist. Gefrorne Tropfen? Ich löse mich auf in meinen Fragen nach dem Wann und dem Wieviel davon, und was habe ich denn davon?, wie halte ich das fest? Wer meint es gut mit mir? Was ist überhaupt gemeint, wenn von mir die Rede ist? Die Zeit soll gemeint sein, wenn ich von mir rede? Die Zeit soll das Leben sein, in dem ich mir die eigenen Füße für die Wanderung ablaufe, die ich mir selber ausgesucht habe, die Wanderung, die Füße nicht, doch ich komme nie an? Wenn man die Zeit ist, kommt man ja ohnedies nie an. Man geht immer weiter. Was ist die Lösung? Daß ich vor dem fliehe, was ich bin? Aber ich hänge doch an mir! Ich kann nicht leben, aber ich hänge noch an mir. Ich könnte eigentlich recht gut ohne mich leben, wenn ichs recht bedenke.

Nein. Es geht nicht. Die Zeit läuft, die Zeitnehmung auch, die mir alles wieder nimmt, was ich bin, aber ich kann ja nicht einmal gehen, obwohl ich doch die Zeit bin, obwohl ich nicht aus ihr abspringen kann wie als Kind aus der

Straßenbahn, wenn ich mir für den Fahrpreis Bonbons kaufen wollte, wenn ich lieber den kurzen Augenblick genießen als fahren wollte. Lieber eine Minute Süße im Mund als zu fahren, weiterzukommen, nach Haus zu kommen, alles lieber, alles besser als mich der Zeit anzuschließen. Daß das nicht geht, hab ich damals schon gewußt. Ich habe damals schon gewußt, daß die Zeit nicht anhält, nur weil man nicht fährt und statt dessen eine Eismaroni ißt, die alles ist, was ich für meinen Fahrverzicht bekommen habe, mehr war nicht drin. Sowas ist schnell vorbei, ungefähr so schnell wie in der Zeiteinheit nach Hause zu kommen. Ich täusche mich vielleicht eine Zeitlang vor, täusche vor, aus der rasenden Zeit abgesprungen zu sein, aber mich selbst kann ich nicht täuschen. Wieso begegnen alle dem Jetzt, ich aber begegne ihm nie? Mit der Süßigkeit im Mund, an Stelle der Fahrt mit der Straßenbahn, wo sofort ein andrer meinen Platz eingenommen hat, ein andrer als ich mit meinem der Beförderung gestohlenen Fahrgeld, denn ein andres Geld hatte ich nicht bekommen, nur dieses eine, mit dem Fahrgeld hatte ich mich weggestohlen, wem habe ich da was vorgemacht? Wem konnte ich etwas vormachen? Der Zeit bestimmt nicht, die hatte nicht auf mich gewartet. Ich mußte dann eben zu Fuß gehen. Und da ich die Zeit schon damals gewesen bin – nur habe ich es damals noch nicht gewußt –, hat sie mir echt gefehlt, wenn ich verschwitzt zu Hause ankam. Die Fahrt war ja an den einen Augenblick der Süße verschwendet worden, der Weg mußte aber trotzdem zurückgelegt, er mußte an sein Ziel gebracht werden, an das Ende des Wegs; ja der Weg selbst, den mir die Bahn unter den Füßen weggezogen hatte, mußte von mir rasch wieder eingeholt werden. Die Zeit hat nicht auf mich verzichtet, was hinten fehlte, mußte vorn wieder eingebracht werden. Und jetzt? Weil ich auf die Zeit starre, die mir noch bleibt, als einem Rest vom Jetzt? Aussteigen und dann, um die Zeit wieder einzuholen, losrennen, um mich wieder einzuholen in meiner eigenen Einkaufstasche, um mich einzubringen in mein eigenes Wollen? Es ist sinnlos. Das Jetzt verdrückt sich schon in die Zukunft, kaum daß ich es noch sein kann, kaum daß ich es schon sein könnte.

Es ist zu spät. Ich komm da nicht mehr raus. Bevor ich jetzt zum Augenblick werden kann, zum Jetzt im Leben, zum Schönen, zu demjenigen, dem man ein Verweilen, weil er eben so schön ist, befehlen könnte, ist das Leben schon an mir vorbeigezogen in das, was werden wird und das ich nicht kenne. Ich habe den Augenblick ausgekostet, ich meine, ich habe mich einen Augenblick lang verleiten lassen zu kosten. Jetzt muß ich rennen, doch ich kann nicht mehr. Jetzt fehle ich mir plötzlich. Ich steh da wie eine Vogelscheuche, ich schau ja auch so aus, aber nicht einmal die Vögel kann ich damit täuschen. Aber ich stehe jetzt halt da. Danach werde ich wieder rennen müssen, denn die Zeit wird mich nicht entlassen, die?, nie!, keinen Augenblick. Ich bin sie ja selbst, so eins sind wir, so einig, gezwungenermaßen, sie könnte mich also lossprechen, mit ihrer Freisprechanlage freisprechen, so daß ich wenigstens kein Lehrling mehr wäre, sondern Geselle, komm her zu mir, Gesell! Nein. Zu spät. Tropfen fallen von mir ab, alles fällt von mir ab, alles Abfall, der ich bin. Ich falle. Das kommt davon, wenn man im Jetzt sein möchte, es aber noch nicht jetzt ist. Man hat sich in der Gegenwart getäuscht. Man hat in die Ausbildung des Seinen investiert, aber da ist nichts. Man kann nichts. Man kann nichts dafür. Wenn man in der Zukunft angekommen ist und nur noch das erkennt, an dem man vorbei ist, dann erkennt man mit einem Mal, daß man ja an gar nichts vorbeigekommen ist, wenn man nicht gelebt hat. Und trotzdem ist es dann vorbei. Man kommt da nicht mehr raus. Denn dann ist nichts vorbei und nichts kommt an. Man selber kommt auch nicht an. Die Zeit, die man ist, kommt nie an, das ist so ihre Natur. Man kommt damit nicht gut an, die Leute spüren sowas, sie spüren ungelebtes Leben, sie wittern es wie Tiere, sie mögen einen nicht, nein, man kommt bei denen nicht an! Bei keinem. Da ist kein Mensch in der Zukunft eingeschlagen wie ein Pflock, zum Zeichen, daß man die Zukunft einfach nicht loswird, weil da vielleicht, wahrscheinlich aber nicht, noch jemand auf einen wartet. Aber da ist keiner.

Da ist kein Zukünftiger, da ist keine Zukunft. Das Jetzt ist ein Irrtum, und man geht in die Irre, legt man sich aufs Jetzt fest. Das wird immer zu voreilig gewesen sein. Denn dann ist die Zukunft nichts, wo man sich anhalten könnte. Kein Haltegriff in der Straßenbahn, aus der man früher abspringen konnte, wenn der Schaffner kam, jetzt geht das aber nicht mehr. Es gibt keine Schaffner mehr. Und sie ist verschlossen, die Bahn. Meine Bahn ist zugesperrt. Erst wenn diese Zukunft Gegenwart ist, könnte man sich anhalten, und die Bahn würde auch selber gern anhalten. Aber da ist keiner. Da ist auch jetzt keiner. Da ist nur dieses Vorüber, und auf das habe ich nun ganz bestimmt nicht gewartet. Auf- und Abspringen verboten, das stand da geschrieben. Jetzt unmöglich. Undenkbar. Früher. Das Früher ist jetzt. Das Später ist auch jetzt. Aber das alles geht bei den modernen automatischen, pneumatisch ab- und zugedichteten Verkehrsmitteln ohnehin nicht mehr. Die sind zu verschlossen. Das Öffnen findet nur statt, wenn es freigegeben wird. Da kommt man nie mehr raus. Zu verschlossen diese Fahrt, dieses Gehen, ja, das Gehen auch, für das Jetzt, in dem man irgendwohin kommen könnte, um zu sagen, man hätte: gelebt. Die Zeit ist ein böses Tier, das da, wütend angepflockt, wartet. Aber man hängt an diesem Tier, das man ja selber ist. Es ist alles, was man hat. Das, was vergangen ist, und das, was sein wird, ach was!, Blödsinn! Wenn man nicht lebt, dann kapiert man einfach nicht, daß das Vorübergehen, daß das Wandern in die Irre führt, ja, genau das ist der Punkt, den man in der Gegenwart nicht hat, und so ist dieses Wandern, das Vorbeigehen, gleichzeitig auch schon die Zukunft. Dieses Vorbeisein ist der Pflock, den jemand eingeschlagen hat. Hätte man den Pflock, an dem ein Tier grast, zum Zeichen, daß da ein Pflock eingeschlagen wurde, und der Pflock ist das Zeichen, daß da einmal ein Lebewesen war, das nicht mehr fort durfte, hätte man ihn also nicht, diesen Pflock, diese Markierung, so wäre die Zeit ein Nichts. Und alles wäre ein Nichts. Was heulen Sie denn? Kein Grund zum Heulen! Ach so! Das ist ein Tier, das da geheult hat, das sind nicht Sie. Erst wenn Ihre Tränen abgefallen, weil gefroren sein werden, glaube ich Ihnen, daß Sie es waren, der da so geheult hat. Das Eis ist der Beweis. Der Beweis, daß da etwas flüssig war, daß etwas flüssig gemacht werden konnte, daß etwas fort ist.

VIER

Da ist einer Schritte Spur, und jetzt ist sie weg, hat geendet an dem weißen Kastenwagen, den keiner kennt, den nur sein Besitzer kennt. Suche vergebens. Kinderfüße hier herumgewandelt, und dann endete ihre Spur eben. Ein Schrei will kommen, doch die Stimmbänder machen nicht mit, geht der Schrei halt wieder, stumm, er konnte nicht herauskommen. Es wird nicht herauskommen. Das Mädchen wird erst viel später wieder herauskommen. Man wird es dafür verachten und bestrafen, daß es so lange weg war, man wird es mit Verachtung strafen, weil es jetzt wieder in der Öffentlichkeit ist, weil es wieder da ist. Weil es nicht länger im Dunkeln durchgehalten hat. Die Kleine, so oft gewandelt über die Flur, durch den Flur, jetzt nicht mehr wandern und wandeln kann, kein Flur da, nur ein Loch. Ein Loch mit einem Tresor und eine Stahlbetontür davor, das Grab Jesu war ein Dreck dagegen. Sie wird geschimpft werden, weil sie wieder in die Öffentlichkeit gekommen ist. Die Kleine wird beschimpft werden, doch ihr Herz wird dadurch nicht erfrieren. Sie hätte bleiben sollen, wo sie war. Wer braucht sie? Ich kenne keinen, na ja, zwei, drei schon, die sie gebraucht hätten.

Sie lügt. Sie war die ganze Zeit doch da. Sie war verloren, aber verlorengegangen, das war sie nicht. Sie hätte die ganze Zeit doch gut dasein können. Warum war sie dann überhaupt weg? Das wäre doch nicht nötig gewesen! Es hätte uns nicht gestört, wäre sie da gewesen, nur ein weiterer Mensch, der etwas weiter weg wohnt. Sie ist jetzt doch wieder draußen, was will sie noch? Will sie sich über uns stellen? Will sie ewig ein Angedenken sein für uns? Woran? Wozu? Was will sie? Unsere Schmerzen schweigen doch auch, jedenfalls meistens. Warum schweigt dann sie nicht? Unsere Schmerzen sind wichtiger. Sie könnte viel besser schweigen als sprechen. Sie ist ein Opfer. Wir wollen hier keine Opfer. Wir haben schon genug Opfer. Sie soll wieder weg. Unser Herz ist wie erfroren gewesen, kalt starrte ihr Bild darin, aber kaum war sie da, wollten wir sie schon nicht mehr. Sie soll, nein, sie soll nicht unbedingt in den Kerker zurück, aber sie soll dorthin gehen, wo wir sie nicht mehr sehen. Niemand will sie sehen. Sie glaubt, nur weil sie da ist, will man sie schon sehen. Milliarden Menschen sind ja auch da, aber sie müssen nicht gesehen werden. Wieso also diese eine? Was ist an der dran, an dem Opfer, was ist an der schon dran? Die glaubt, sie ist jetzt dran. Das ist sie nicht. Das ist sie bei uns zumindest nicht. Bei uns sind andre dran, und wenn die andren drangewesen sind, fröhliche Musikanten, frische, lustige Schnaderhüpfer, dann sind wir dran, und dann noch einmal wir, und dann wieder wir, und dann?, dann kommt dieses Opfer noch lange nicht! Dieses Opfer bringt sich ja selbst! Das geht nicht. Das geht viel zu leicht. Sie entspricht nicht dem Thema, sie hat das Thema verfehlt, sie glaubt, sie sei jetzt das Thema. Doch das ist sie nicht, so weit lassen wir es nicht kommen, da kann sie sicher sein.

Sie ist überhaupt im Dasein ein Durchschnittliches, ein total Durchschnittliches, was glaubt sie denn, sie ist vielleicht eine Diesmaligkeit, aber eine Einmaligkeit ist sie auch diesmal nicht, das sind schon wir, nur wir. Man sieht uns nicht, aber diesmal sind einmal und für immer wir die Einmaligen, und wenn sie sich vordrängt, dann stellen wir uns vor sie hin, als Unverwechselbare, die auch wir sind, die wir auch sind, nicht nur sie, auch wir!, wir sogar mehr als sie!, was glaubt sie denn, da hat sie mit sich noch lang keine Ausnahmeexistenz herausgebildet. Die Ausnahmen sind nämlich auch schon längst wir. Wir sind die Regel und die Ausnahme gleichzeitig. Wir sind ausgenommen, nicht im Sinn von ausgeweidet, nein, das nicht, unsere Weiden hat uns keiner weggenommen. Bis es sich ausgeweidet hatte. Die Kleine ist weg und glaubt, sie wäre deshalb schon jemand. Die glaubt, sie kann sich alles herausnehmen, weil sie selber eine Ausnahme ist. Das ist sie nicht. Sie ist vielleicht sie, bitte, das darf sie ja sein, aber das ist sie nicht: eine Ausnahme. Bitte, das kann man sagen, daß sie möglicherweise mehr im Zusammenhang mit dem Tod gewesen sein könnte als wir, aber wir hatten auch diesen Autounfall voriges Jahr, und wurde davon berichtet? Nein, wurde es nicht. Wir wären auch fast tot gewesen, und wer spricht darüber? Im Zusammenhang mit dem Tod wären wir beinahe in unser Wie, in unser endgültiges Wie, das keine schöne Form hatte, gebracht worden, das jeder sein kann, leider auch im Tode, dem sowieso alles und alle gleich sind, und man hat nichts mehr davon. Das ist nichts Besonderes, etwas Besonderes zu sein.

Die Kleine glaubt, nur weil sie von der Erde fortgebracht und in die Erde hineingebracht worden ist, ist sie was Besonderes. Das ist sie nicht. Das ist sie schon, aber das ist sie nicht. Denn der Tod ist für jeden gleich, er ist für jeden die gleiche Möglichkeit, keiner wird mit dem Tod ausgezeichnet, denn er ist eben genau dieses Wie, in dem sich alles auflöst und verschwindet, und das gilt ausnahmslos für jeden. Die glaubt, nur weil sie beinahe tot gewesen wäre, ist sie schon jemand. Sie ist niemand. Sie hat keinerlei Beziehung zu unseren Leben, die viel interessanter sind, weil wir uns jeder Sache sicher sein können, denn wir werden die Wahl gehabt haben. Bitte, sie hatte nicht die Wahl, die Kleine, hatte keine Wahl, ein Kind noch, bitte, eine Wahl hatte sie nicht, aber wieso wählt sie jetzt, ausgerechnet jetzt, da sie in Sicherheit ist, die Öffentlichkeit? Wieso wählt sie jetzt, über uns zu stehen, indem sie an die Öffentlichkeit geht? Wir müssen alle sterben, aber gehen wir damit an die Öffentlichkeit? Nein. Wir verschwinden nur. Wir sind vertraut mit dem Leben, aber leben wir deshalb schon? Nein. Die Zeit dauert achteinhalb Jahre. Sie kann aber auch länger oder kürzer dauern. Wen interessierts. Also bitte, wieso stellt sie sich über uns? Unsere Zeit dauert, während ihre, der Kleinen Zeit, achteinhalb Jahre dauerte. Unsere dauerte während dieser Zeit vielleicht viel länger, denn unsere Zeit ging die ganze Zeit weiter, ungestört, das ist doch mehr als eine Zeit, die stehenbleibt, oder? Unsere Zeit hat trainiert, unsere Zeit hat ihre Workouts, ihre Sit-Ups, ihre Pushdowns gemacht, unsere Zeit ist gegangen oder gelaufen. Aber die Zeit dieses Kindes ist stillgestanden. Das soll was Besondres sein? Nein. Wieso sagt sie es uns dann? Wieso sagt sie überhaupt etwas? Sie hat uns gar nichts zu sagen. Wir sind immer schon mehr als sie gewesen, bevor sie noch sie selbst geworden ist! Sie ist eine, aber wir sind mehr. Wir gehören an die Öffentlichkeit, weil wir die Mehrheit sind. Soll sie bleiben, wo sie ist, ein Keller muß es nicht sein, aber sie soll fort sein und fort bleiben.

Wer fragt nach ihr? Viel zuviele fragen immer noch nach ihr. Wer fragt denn nach uns? Viel zuwenige fragen nach uns? Genau! Sie ist in einem weißen Kastenwagen der Zeit entnommen worden. Was ist die Zeit? Wer ist die Zeit? Keine Ahnung, wir messen unsere Zeit, aber nicht die von dieser Kleinen, die verschwunden war, jedenfalls nicht dauernd, na ja, sowas passiert. Wir sind an der Zeit viel dichter dran gewesen als sie, wir waren ja die ganze Zeit in ihr, wir hatten sie direkt vor Augen, wir hatten sie auch hinter uns, wir waren die Einheit in der Zeit, wir waren eins in der Zeiteinheit, und wir sind mit ihr mitgegangen, mit der Zeit sind wir mit der Zeit brav mitgegangen, wir hatten nicht die Wahl, wir sind mitgegangen, freiwillig, keine Frage, wir mußten, aber sind wir deshalb weniger wert? Frage: Für diese Kleine ist die Zeit stillgestanden. Glaubt sie, daß uns das interessiert?

Gehen ist viel mehr. Auch geben ist mehr. Geben ist wichtig. Sport ist so viel mehr, wenn Sie wüßten!, Sie würden nichts anderes mehr machen. Bewegung ist alles. Alles Leben ist Bewegung. Nur weil sie weg war, soll sie jemand sein? Nur weil sie der Zeit für ein paar Jahre genommen war, macht sie sich wichtig? Wir sind wichtig, nur sieht uns keiner. Sie hat nicht gewußt, ob Tag oder Nacht ist, die Kleine? Es wurde ihr mit der Zeitschaltuhr gesagt, ob Tag oder Nacht war, womit die beiden Spielgefährten, Tag und Nacht, für sie als angemessen erachtet wurden, nämlich mit einer Zeitschaltuhr? Der Tag wurde für sie ein- und wieder abgeschaltet. Die Zeit als Maßkleidung? Wir doch nicht! Wir sind viel besser angezogen. Wir suchen uns lieber etwas Passendes aus. Wir haben ja nichts gemacht. Wir müssen schalten und walten, wir müssen nicht geschaltet werden, damit wir wissen, wieviel Uhr es ist. Wieso sollen wir deshalb unwichtiger sein? Wir brauchen keine Zeitschaltuhr, wir brauchen nichts, um den Tag und die Nacht zu sehen, wir können den Tag zur Nacht und die Nacht zum Tag machen, und sind wir deshalb weniger, bloß weil alle das können? Nein.

Wir sind die Mehrheit. Wir können alles bewirken, was wir wollen. Wir gelten was. Wieso hört uns dann keiner? Wieso hört man eine aus dem Keller lauter als uns? Sie kann nicht lauter sein, unmöglich, das ist kein Zeichen von Lauterkeit, wenn man nach der Zeitschaltuhr lebt, wenn man nicht im Einklang mit der Natur lebt, die einem sagt, wann Tag und wann Nacht ist. Man sollte unbedingt, wenn möglich, im Einklang mit der Natur leben, warum hat die Kleine das nicht gemacht? Warum hat sie ihr Leben nach der Zeitschaltuhr eingerichtet, die man ihr eingerichtet hat? Die der Entführer ihr eingerichtet hat? Den kann man ja nicht mehr fragen. Der hat sein irdisches Leben beendet, dafür hat der keine Uhr gebraucht, und die Uhr war trotzdem für ihn abgelaufen. Und dann sagt sie uns, der Ventilator im Verlies wäre zu laut gewesen, sonst noch Wünsche?, er hat geschlagen, der Ventilator, der Lüfter, die einzige Luft dort, ein billiges Baumarktprodukt. Etwas Teureres hätte er sich schon leisten können, das ist wahr. Der Entführer hätte was andres nehmen sollen, was nicht so schlägt, denn wenn bei dem billigen Dreck die Rotorblätter heiß werden, dann gibt das diesen Klang, dieses eigene Tocken, tock tock tock, bitte, das kann schon unangenehm werden, fast unerträglich, das sehen wir ein. Das kann die Zukünftigkeit als Möglichkeit des Lebens schon einschränken, aber doch nur, was das Wohlbehagen betrifft, weil man sowas in der Zukunft wahrscheinlich nie wieder hören will und damit die eigenen künftigen Möglichkeiten doch etwas eingeschränkt sind. Aber deshalb gleich ins Fernsehen? Wieso kommt die ins Fernsehen, wo doch eigentlich wir hingehören? Das Zukünftige ist eine Möglichkeit, die jeder hat, bis ihn das Fernsehen festhält oder ihn das Zeitliche segnet, oder sagt man: bis er das Zeitliche segnet? Bis die Zeit ihn mit ihrem Wieviel erschlägt, das ja. Länger ist nicht nötig. Die Kleine glaubt wohl, das gilt nur für sie? Ihr Leben als Zeit, mein Leben als Zwerg, dieses Leben als Baum. Ja, die ist ein schönes Faschingskostüm, die Zeit. Sie muß sich um nichts kümmern, sie geht einfach so, wie sie ist, in sich als Verkleidung, damit keiner was hört. Dämmstoffe sind überhaupt der Renner, damit keiner wegrennt, den man dahinter in seinem Verlies eingedämmt hat. So. Die Zeit macht die Türe zu und geht. Man soll keine Abdrücke in und auf der Zeit hinterlassen. Keine Fingertapper, keine Spuren. Das hat sie gekonnt, das hat sie gemußt, die Kleine, keine Spuren hinterlassen. Spuren verboten. Wir aber, wir aber, wir hinterlassen gern jede Art Spuren und wollen sie auch zeigen. Sie sollen bleiben, unsere Spuren. Im Schnee unnötig, da verschwindend gering die Spur dort. Unsere Spuren sind viel schöner, größer, stärker eingeprägt, besser ausgeprägt, das ist eine prachtvolle Spur, die ich hier hinterlassen habe, wollen Sie die sehen? Hier, bitte! So eine Spur sehen Sie im Leben nie wieder! Wieso komme ich mit meiner wunderbaren Spur nicht ins Fernsehn? Sie endet an der Schihütte und kommt aus ihr auch wieder hervor. Das soll mir mal einer nachmachen! Viele machen das nach? Umso besser! Unsere Zeit ist schließlich kurz bemessen, und wir wollen das Maximum herausholen!

Da ist einer, der hat sie uns abgemessen, und dieser Eine ist gleichzeitig auch die Zeit, sie mißt sich selbst, sie mißt sich an sich selbst, wer sollte das besser können als sie? Das genügt. Die Zeit hat keine Konkurrenz zu fürchten. Wir messen sie, doch immer ist SIE das Maß, da ist sie erbarmungslos mit uns. Wir legen uns in sie, sie legt uns rein, wir legen uns in die Kurve, sie schmeißt uns raus. Wir fürchten sie. Sie fürchtet uns nicht. Und? Gehen wir damit an die Öffentlichkeit, wenn wir uns fürchten? Nein. Die aber, die aber schon! Das ist es ja! Die Kleine geht doch glatt raus, die ist wieder rausgekommen, wieder raufgekommen. Das gibts ja nicht! Glaubt die, das ist so interessant, daß alle das alles wissen müssen? Ihre Fingerabdrücke sofort weggewischt, mit ihrem eigenen Handrücken ausradiert, der Entführer hat ihr die Hand auf das dumme Fliesenstück gedrückt, das von einem winzigen Menschenhauch verunstaltet worden war, und ihre Spuren beseitigt, ihre schwachen Spuren sofort beseitigt, keine Tapper erlaubt. Keine Spuren gestattet. Nichts zu hinterlassen erlaubt. Einfach nur weg sein, aber genau: da. Genau hier! Die Tränen mit dem Handrücken ins Gesicht einrieb der Entführer, Salzsäure von Tränen in die Wangen eingerieben, fest eingerieben, wie eingecremt, es brennt, es wird rot, Entzündungen von der Salzsäure, von den Tränen, den sauren Tränen, dem sauren Regen des Menschen, er kann ja nichts dafür. Wieso ist die dann da? Wieso ist sie da, sie hätte ja auch weg sein können?

Sie hätte später, als sie heraus durfte, auch weiterhin recht gut weiter weg sein können? Sie war ja weg, sie war ja fast weg, aber nicht sehr. Weinen verboten, damit die schönen Kacheln, die kostbaren Fliesen von der Salzsäure nicht angegriffen werden. Auf die Fliesen aufpassen, die zerfließen sonst! Mit Leidenschaft verhindern, daß Spuren bleiben, das mußte so sein. Ja soll ich denn kein Angedenken mitnehmen von hier? Gar keins? Immer nur liegen so still oder unter dem Klang des Radios? Nicht immer. Einmal durfte sie hinaus, einmal durfte das Kind hinaus in den Garten, ein Zweigelein von der Hecke, darf ich es bitte mitnehmen ins Verlies?, das fragte sie noch. Als Andenken? Das wäre so schön! Denken erlaubt im gemessenen Dasein mit der Zeitschaltuhr, ja glauben Sie, die Zeit schaltet sich von selber ein und aus? Sehen Sie, aber bei der Kleinen hat sie eine Ausnahme gemacht, da hat die Zeit zu ihr gesprochen, wann Tag und wann Nacht ist. Das ist doch nicht schlecht. Uns muß das keiner sagen, wir wissen das von allein, wir sind ja auch nicht allein. Die ist nur eine, wir sind viele. Uns gehört die Öffentlichkeit, wir bestimmen, wer dort sein darf.

Unsere Schmerzen müssen immer schweigen, wieso müssen das ihre Schmerzen nicht? Wieso nicht? Wer sagt uns dann von ihr? Wir hätten am liebsten, wenn uns endlich niemand mehr sagte von ihr. Wenn das Sagen von ihr endlich aus wäre. Unser Herz schmilzt keiner, unsere heißen Tränen durchdringen nicht Eis, nicht Schnee, bis wir die Erde sehen und bis die Erde uns sieht, bis sie uns trägt, bis sie uns erträgt. Unsere Tränen wischen wir uns selber weg. Unsere Bilder fließen dahin und sind fort. Wieso drängt die ihr Bild uns auf, die Kleine, das Kind, diese junge Frau? Soll zurück in ihren Sumpf! Das wollen wir. Daß sie zurück muß. Daß es noch nicht vorbei ist. Daß es für uns noch nicht vorbei ist wie für sie.

Es soll alles bleiben, wie es ist, aber doch nicht so! An die Öffentlichkeit muß es deshalb noch lange nicht! Was soll so interessant daran sein, daß etwas so bleibt, wie es ist? Keiner Erwähnung wert. Bitte, keine Ursache. Ihr Bild schmilzt schon dahin. Das ist gut. Ihre Tränen bleiben in die Wangen eingerieben, für immer, und erzeugen etwas Häßliches, eine eklige Spur an den Fliesen, überall diese Spuren, die Exkremente der Zeit, unerträglich!, aber dieses Bild, dieses Kinderbild schmilzt schon, es schmilzt im Fernseher, es fließt dahin, es setzt sich unseren Blicken nicht länger aus. Das Mädchen will von seinem Vorbei auch noch loskommen in das, was es ist, was es endlich geworden ist, aber dieses Vorbei IST ja gleichzeitig ihr Loskommen, und so ist sie halt losgekommen in eine Ungewißheit, die wir ihr endlich bereiten können, die wir nun für sie sind. Sie läuft los. Der Handsauger bleibt eingeschaltet, er tobt im Auto herum, tobt sinnlos und saugt Luft. Der Täter merkt es nicht gleich, er hat sich entfernt, denn der Sauger ist ihm zu laut. Sie läuft los. Die junge Frau rennt. Sie läuft jetzt los, bittebitte, lassen Sie uns kurz die um ein Mädchenleben Besorgten spielen! Es hat sie zu uns verschlagen, geben wir ihr eine Chance! Aber nein. Reden wir mit ihr, dann redet sie mit uns auch. Ihr Sprechen wird aufgefangen, aber gleich wieder zurückgeschlagen. Ihr Sprechen kann nicht gezählt werden. Es gilt nicht. Bei uns gilt es nicht. Wir haben bei ihr Zerstreuung gesucht, an ihrem Schicksal geleckt wie Tiere am Salz, aber das interessiert nur kurz.

Immer dasselbe. Keine Abwechslung. Wir müßten viel mehr interessieren, und zwar alle!, bei uns geht es rund, bei uns ist immer was los. Wir müssen nirgends loskommen, wir sind schon losgelassen. Wir sind zu Hause, wir kennen uns hier aus. Bei uns ist sie im Out, die junge Frau. Die kommt da so einfach daher. Der Ball ist davongerollt, dorthin, wohin er nicht sollte. Alles wird ungültig. Ihr Leben im Verlies wird für ungültig erklärt. Wir sind alles, was es ist, was das Vorbei ist, von dem sie sich losgemacht hat, die Kleine, und dann ist sie zu uns gekommen, dann ist sie ausgerechnet unter uns gefallen. Das gefällt uns nicht. Wem würde es denn gefallen, wenn eine daherkommt und aus ihrem Vorbei so einfach flüchtet, und dann ausgerechnet zu jemand wie uns? Na gut, sie hatte keine andre Wahl, sie hat es sich nicht ausrechnen können. Sie hat immer gerechnet, was passiert, wenn eine magere, blasse, hilflose Person, mit blauen Flecken an den Beinen, wer weiß woher, ich weiß woher, überall gibt es die, eine Person, welche in der Kindheit geraubt wurde; was passiert, wenn sie sich an einen anständigen Menschen wenden würde, ja, was passiert dann? Wie schaut denn das aus, wie schaut sie denn aus? Die holländische Schifahrerin hat sie nicht verstanden. Wohin hätte das Mädchen denn sollen? Am Klo die Holländerin, aber sie versteht kein Wort Deutsch. Wer rechnet denn mit sowas? Noch dazu im Urlaub? Im Schiort immer Fremde, überall Fremde, man erwischt fast immer sie, wenn man jemand sucht, den man kennen könnte. Man erwischt fast immer die Gäste, unsere lieben Gäste, die freiwillig zu uns kamen. Das ist gut. Zu schwach zum Fortlaufen? Das Fortlaufende abgebrochen, vorzeitig abgebrochen? Zurückgekommen? Ja, unsere lieben Gäste kommen immer wieder gern zu uns zurück und verbringen hier ihre Zeit. Sie sind die Zeit. Wir alle sind unsere Zeit. Der Zeit entkommt keiner. Die Zeit ist alles, das wissen wir jetzt, da es zu spät ist. Doch nicht alle erleben sie. Aus der Zukünftigkeit Zeit borgen für jetzt? Klar doch. Das Vergangene wiederholen wir jetzt alle gemeinsam, damit wir wiederholen können, daß wir gelebt haben. Und auch in der Zukunft leben werden. Immer und für immer.

FÜNF

Andrerseits wir. Wir haben es in unsere Rinden geschnitten. Wir haben liebe Worte gegeben. Sie wurden gern genommen. Wir sind da, indem es uns fortzieht. Indem es uns woandershin zieht, sind wir sogar ganz besonders da. Inmitten der Fremden: Nur wir. Wir Menschenschlag, wir wurden abgeholzt für unsere Schipisten. Wir sind nachgewachsen, und dann wurden wir wieder abgeholzt. Von uns selbst abgeschlagen. Keiner schlägt uns was ab! Es hat aber gar nicht weh getan. Der Lift zieht uns hinauf. Das ist besser als vorher. Der Schipaß berechtigt uns dazu. Keiner verstellt mehr den Blick, kein Lindenbaum, kein Nadelbaum, kein Haus, nichts. Wir sind die Öffentlichkeit, und wir sind jetzt endlich auch offen, nichts hindert uns, wir öffnen uns der Welt, wir Offenen öffnen uns noch mehr, ja, wir können uns noch viel mehr öffnen, wenn wir wollen, wir wollen ganz offen sein, wir bringen alles an die Oberfläche, auch wenn wir das gar nicht müßten, wir bringen es, wir bringen Menschen aus dem Keller an die Oberfläche, die es von sich aus zu uns fortzieht, das macht uns keine Mühe. Nur müssen es die richtigen Menschen sein. Gut. Wir bringen sie auch wieder hinunter. Wenn nicht – auch gut. Wir bringen die Schi, die Bergschuhe, den Rasenmäher, die Schlittschuhe aus dem Keller herauf und auch wieder hinunter. Wir bringen alles an die Oberfläche und wieder weg. Unsere Keller sind berühmt dafür, was dort alles drinnen ist. Was dort alles hineingeht. Wir bringen alles, und wir bringen es auch wieder weg. Wir bringen niemanden um. Wir bringen unsere Möglichkeiten bis dicht an die Oberfläche, unsere Möglichkeiten schauen sich um, laufen uns kurz voraus, kommen wieder zurück, schnüffeln überall, wie Hunde, pissen uns an, pissen alles andre auch an, unsere Möglichkeiten gehen mit uns spazieren, sie finden kein Ziel und kommen immer wieder zurück, so wie die Geschichte kein Ziel kennt und immer wieder zurückkommt, um als Gegenwart gleichzeitig auch zukünftig zu sein. Unsere Möglichkeiten sind einfach zu viele, das denke ich persönlich. Nur meine Meinung. Man hat uns für uns zuviel geboten, würde ich persönlich sagen. Wir haben das alles geplant. Wir haben diesen Ort von A bis Z geplant. Was haben wir uns da in die Haut geritzt und mit Farbe abgeschmiert, damit es besser fährt, damit unser Körper besser vorankommt? Ist das ein Tattoo? Das hat man jetzt so, das trägt man jetzt so. Jeder hat das. Kenne niemanden mehr ohne. Es zog in Freud und Leide? Hauptsache fort!

Es wird Nacht, es zieht uns fort, damit wir noch mehr da sein können, fort, nur fort! Unser Dasein wird kurz sichtbar, im Wandern wird es sichtbar, im Sich-Fortbewegen der Ungelebten, der Enkel, die es nie geben wird, da fehlt einfach irgendwas dazwischen, und doch werden sie reden, die Enkel, die es nicht geben kann, denn wir sind selbst die Kinder und bleiben als einzige Kind, sie werden reden, die Enkel, sie werden uns mit ihren Reden nerven, da rauscht doch was!, es rauscht an uns vorbei, schon ist es weg, aber im Dunkel die Augen zu schließen, was soll das denn wieder? Ist doch unnötig. Sinnlos. Genügt es denn nicht, nichts zu sehen? Muß man auch noch die Augen vor dem verschließen, was man ohnedies nicht gesehen hätte? Man weiß doch, daß man da ist, den eigenen Anfang hat man entflammt wie Seidenpapier, das im Brennen noch kurz hochfliegt und dann verglüht, restlos, spurlos verschwindet. Keine hochfliegenden Pläne mehr, die sind gleich mit verbrannt. Alles verbrannt, und dort, wo es am meisten verbrannt ist, auf der Lichtung, wo nichts mehr steht, auf dieser Fichtenschonung, die die Fichten aber grade nicht verschont hat, und doch, die dürfen als einzige noch dableiben, überall nur Fichten, nichts als Fichten!, dort, ja, dort findest du Ruh. Wahrscheinlich würdest du dort Ruhe finden, in dem Nichts, aus dem alles weggeräumt wurde. Wir nähren uns von den Verbrannten, den Verschwundenen, und wir bringen auch selbst zum Verschwinden, aber die Verschwundenen, die bringen es. Die bringen es, daß wir wir sind! Nichts sonst ist mehr sichtbar, bloß wir sind die Sichtbarsten. Kein Wunder. Keine Zauberei. Kein doppelter Boden. Es war viel Arbeit, aber wir haben es erreicht. Wir können es ruhig zugeben, wir können der Zeit ruhig eine Zugabe gewähren, dort wird sich auch nichts abspielen, dort können wir spielen, wir können endlos spielen, aber abspielen wird sich dort nichts. Diese Zugabe ist nicht erwünscht. Zuwenig Applaus. Auf Verschwundenen stehend, läuft uns unser Leben voraus. Dann müssen wir das alles nicht sehen.

Und auch die Unsichtbaren verschwinden schon, die Augen zugepreßt vor dem Dunkel, die Augen zugehalten wie zerrissene Einkaufstüten, daß uns nur nichts herausrinnt, bevor wir zu unseren Alltäglichkeiten wieder zurückkommen können. Wir decken auf, daß die Verschwundenen fort sind, daß die alle verschwunden sind, wer sind die überhaupt?, wir decken ununterbrochen auf, aber nicht, wer die sind, wir decken etwas auf, doch wir sehen noch nicht, was es ist, wir enthüllen es, indem wir uns die Augen im Dunkel, nein, vor dem Dunkel zuhalten, wir haben nichts zu verbergen. Da können wir in diesem Dunkel ruhig die Augen zumachen. Wir sind ja die Oberfläche, nach der wir so lang tasteten, aber wir wissen schon, daß wir es sind, dafür brauchen wir keine Taschenlampe. Es wird aufgedeckt, ja, genau, gegessen wird hier und jetzt, es wird immer irgendwo gegessen, sonst hätten wir ja nicht aufdecken müssen. So, das wäre schon gegessen, indem wir es aufgedeckt haben. Das hat genügt. Also uns hat es genügt. Es ist aufgedeckt, das ist alles Ihres, das können Sie alles essen, wofür hätten wir sonst aufgedeckt? Wofür hätten wir es sonst aufgedeckt? Aber wenn sie das selber tun wollen, die Fremden, wenn sie sehenden Auges kommen, wenn sie sich aufdecken, die kalten Winde blasen ihnen so sehr ins Angesicht, daß sie an ihrer Decke zerren, sie höher hinaufzerren, sich fest einwickeln wollen, dann werden sie merken, daß diese Zudecke eine Aufdecke ist, daß diese Decke, nach der sie sich streckten, nur dazu gedient hat, daß wir selbst uns aufdecken, aufblättern können und dann wieder krachend zuschlagen: Bücher, die sicher sein können, nie gelesen zu werden. Was wollen Sie denn, wir haben das doch alles längst selber aufgedeckt! Jetzt können wir es abräumen. Es frißt keiner mehr, was wir ihm hingelegt haben. Es liegt woanders, es liegt alles zutage, aber hinschauen muß keiner.

Wenn sie dann raufkommen, wenn sie dann raufkommen und schauen wollen, was wir da aufgedeckt haben, wenn die Hüte unsere Köpfe aufdecken, weil wir in den Sturm geraten sind, wenn wir im Sturm stehen wie alles Große, das schon in Frage gestellt wurde, bevor man die Antwort erahnen konnte, wenn sie sich zu uns auf den Weg machen, die Menschen, die im Keller wohnen, in der Kindheit, in der Fremde, woanders, wo wir nie waren oder wo wir auf Urlaub schon waren, wenn die im Verlies es selber tun, wenn die sich aufdecken und selber heraufkommen, dann, ja dann können sie nicht von uns geschickt worden sein, das wäre uns doch nie eingefallen, wir brauchen niemanden zu schicken, wir sind ja immer selbst zu Hause, selbst ist der Mann, höchstens sein Hobbyraum ist unten, er ist meist oben zu finden, obwohl ihn keiner gesucht hat. Wir sind immer oben, wir schwimmen immer oben, wir sind geschickt darin, immer oben zu bleiben, wir schwimmen oben wie Fettaugen, die keiner zuhalten muß, nur frage ich mich schon: Was haben die in unseren Kellern verloren? Wer sind die überhaupt? Dort, in unserem Keller, können sie nichts verloren haben, im Schatten ihrer eigenen Träume, nicht einmal dort haben sie was verloren.

Wieso also in unserem Keller? Ihre Berührungen dort können eine furchtbare Wirkung haben. Sie wissen, das ist unser Keller, und berühren wir dort etwas, sterben wir auf der Stelle. Wir hätten damit ein Tabu gebrochen: nichts anrühren! Sonst ist der Stromkreis geschlossen. Bitte, treten Sie ein, das Erlebnis wird Sie umhauen! Dort gehört alles uns, auch der Strom, auch der Schalter, auch der Entfroster, auch der Heizlüfter, einfach alles, was atmen kann, also dort kann kein andrer was verloren haben. Das ist alles zu vollgestellt, zu vollgepfropft, aber wir decken es jederzeit auf, und wir folgen auch jenen, die es aufdecken wollen. Was denn? Vielleicht haben Sie es verloren, als Sie aus dem Auto ausgestiegen sind? Sonst wüßte ich nicht, wo Sie es verloren haben könnten. Wahrscheinlich haben Sie es nie gehabt. Was überhaupt? Was können Sie schon hier verloren haben? Erst suchen, dann die Frage nach dem Was. Wenn Sie sie verloren haben, dann müssen Sie sich Ihre Schi halt ausleihen, andere müssen das schließlich auch, und man bekommt dann immer die neuesten Modelle. Wenn man sie kauft, veralten sie, altern sie rasch. Daß wir anderen da sind, daß auch uns ein kalter Wind ins Gesicht bläst und wir uns trotzdem vor Ihnen aufdecken, für Sie aufdecken, das bedeutet Ihnen wohl gar nichts? Woanders wäre es immer besser? Na, dann gehen Sie halt dorthin. Ich garantiere Ihnen: Nirgendwo wäre es besser. Woanders würden Sie Ruhe finden? Entfernt von diesem Ort? Nächstes Jahr wollen Sie woandershin fahren? Mal was anderes? Woanders werden Sie in Ihrem Essen einen Mangel an Geschmack finden, der Sie schmerzlich an uns erinnern wird. Bleiben Sie doch gleich hier, wir haben noch eine Überraschung für Sie. Bitte, treffen Sie Ihren Tod, darf ich vorstellen: Tod, der kommt Ihnen jeden Tag ins Haus, Sie können ihn gern begrüßen, wenn Sie wollen, aber er kommt in jedem Fall und fällt dann Sie. Wir haben grade eine frische Lieferung Tod hereinbekommen und wollen ihn möglichst rasch wieder loswerden, sonst bleibt er uns noch, als Ladenhüter, und unser Laden braucht keinen Hüter, auf den passen wir schon selber auf. Schauen

Sie, da ist er! Das hätten Sie nicht gedacht, daß Sie ihn bei uns bekommen, was? Einmal ist ohnedies alles nichts mehr. Einmal ist keinmal. Daß man einmal tot sein kann, weiß jeder, auch wenn er es nicht wissen will.

Wenn sie selber aus dem Verlies ausbrechen, diese Kellermenschen, diese Fremden, diejenigen, die kommen, ohne daß sie geholt worden sind, diejenigen, die gehen, ohne fortgeschickt worden zu sein, dann gehören sie nicht zu uns, egal, wer sie sind, dann fehlt ihnen ein Stück Dazwischen, das fehlt ihnen einfach, auch wenn sie selbst es nicht merken, ein Stück Zeit fehlt ihnen, immer das, welches sie grade brauchen würden, immer fehlt ein Stück aus der Zeit. Das Dazwischen mit uns, das fehlt ihnen schrecklich, wenn sie es nicht mehr haben, wenn es einmal weg ist. Auch wenn sie es nie gekannt haben. Wenn die Fremden sich selbst vorausgegangen und verschwunden sein werden, dann werden sie uns fehlen, und sie werden sich selbst auch fehlen, denn nirgends wird es so schön gewesen sein wie bei uns, das werden sie bedauern, die Fremden, wenn sie verschwunden sind. Auch wenn ihnen der Wind kalt ins Gesicht bläst, wird es schön gewesen sein. Im Vergleich mit dem Verschwinden wird es bei uns schöner gewesen sein. Der Fremde geht, um Ruhe zu finden, und er geht ein andres Mal, um Zerstreuung zu finden, als wollte er sich dann doch noch verlieren, im letzten Moment. Er geht, um die Punschhütte zu finden, und verliert sich in seinem Wandern. Er geht, um die Abfahrt anzugehen, und verliert sich in seinem Fahren. Er geht, um den Linksschwung etwas höher anzusetzen, und schon schwingt er in schrecklichen Bögen hinab, wo er in einem andren Menschen verlorengeht, mit dem er zusammengestoßen ist. Doch nur der andere ist dann weg. Wenn die Fremden unberufen kommen, zum Glück kommen, zum Glück für die Statistik kommen, wenn sie ungefragt auf Fragen antworten, die uns nie in den Sinn gekommen wären, dann sind sie schon das Vorbei. Kaum daß sie da sind, sind sie wieder verschwunden, sie waren ja kaum da!, aber wenn sie da waren, bei uns, dann haben sie keine Zukunft, jedenfalls bei uns nicht, dann tragen sie ihre Füße so schnell, wie sie wollen, sie kommen doch nie bei uns an. Verschwinden schon vorher.

Die Nachgeborenen, die nichts wissen können, gehen aus dem Licht, das sie mit ihren Taschenlampen verbreiten, gehen aus dem Lichtkegel immer nur ins Dunkel. Und die Fremden, die Toten, die aus dem Dunkel ihrer Kindheit gerissen wurden und nichts mehr übrigbehalten durften, nichts behalten durften, nicht einmal ihre Gebisse, nicht ihre Brillen, nicht ihr Haar, nicht ihre Zahnfüllungen, nicht ihre Koffer, nicht ihre Sportgeräte, nichts, nichts nichts behalten durften, die sind uns in das vorausgegangen, was jetzt wir haben, was haben wir davon?, egal, sie haben jedenfalls nichts mehr davon, sie sind uns vorausgegangen, nur sehen sie leider nicht mehr, was sie an uns hätten haben können. Tut uns echt leid, daß sie nicht sehen können, wie gut wir uns und unsere Landschaft entwickelt haben. Die Bäume rauschen, als riefen sie ihnen zu. Sie sehen es nicht mehr. Andere sehen es für sie. Andere, die nichts wissen können. Sie machen sich wichtig, die anderen, glauben, sie wissen alles, aber sie wissen genauso wenig wie wir. Wichtig sind und bleiben nur wir,

wir wissen alles, aber es ist uns egal. Kümmern wir uns um unsere Zukunft! Nie mehr Vergangenheit! Zukunft! Nie mehr der Vergangenheit nachlauschen, nie mehr der Vergangenheit nachlaufen, nie mehr aufdecken, lieber gleich aus dem Papier essen! Abwasch dann nicht nötig.

Alles wird einfacher. Einfach da sein. Einfach einfach sein. Können Sie das denn nicht? Im Jetzt sein. Hier findst du deine Ruh! Im Jetzt, das jetzt stattfindet, wie der Name schon sagt. Wir haben die Zeit erlebt, die sie nicht erlebt haben. Die haben gleich die ganze Zeit nicht mehr erlebt, ihr Schaden, nicht unsrer. Sie können nicht mitreden. Noch dazu in aller Öffentlichkeit. Dort reden jetzt wir. Überall sonst aber auch wir. Wir sind Umgebung geworden. Wir sind unsere Umgebung. Wir sind Zugehörigkeit zu uns. Es wäre ungehörig, an dieser Zugehörigkeit zu zweifeln. Andere wieder, die nicht wir und nicht die anderen Anderen sind, reden im Fernsehn, doch nicht mit uns. Das Fernsehen selbst spricht uns nicht an. Diese Sendung zuwenig ansprechend. Auch mit den Fremden spricht sie nicht. Die würden ohnedies nichts verstehen. Die kommen gar nicht mehr zu uns. Dabei könnten wir ihnen genau sagen, was sie an uns haben werden. Eine Schipiste, einen Strand, ein Wellness-Hotel, das alles können sie an uns haben und noch vieles mehr. Wir wissen es zwar auch nicht, was wir an uns haben, aber wir wissen immerhin, was wir wissen.

Grüß Gott, Herr Gast. Sie sind zwar da, aber bei uns können Sie nicht sein, sonst würden wir Sie ja sehen. Sie wollten vielleicht zu uns, aber Sie sind woanders gelandet. Wo immer Sie sind: Sie reden von einer andren Zeit, die wir nicht mehr erlebt haben. Was glaubt sie denn, diese Frau? Was glaubt dieser Mann? Was glauben die? Wo kommen die auf einmal her? Schauen den Toten nach, die sie selbst bald sein werden, wie so viele andre es wurden, tot wie jeder, einfach jeder, na ja, einfach ist das nicht, tot wie alle. Das soll eine Flucht vor uns sein? Das kann keine Flucht sein, wenn sie damit ausgerechnet zu uns gekommen sind. Ertrunkene mit toten Händen. Verbrannte, denen der Tank explodiert ist. Irre, die nicht auf der Straße geblieben, die nun wirklich breit genug ist, sondern im Fluß gelandet sind. Verirrte, die sich nur geirrt haben und die Folgen nicht bedachten, wohin sie das führen könnte. Sportlerabfall von der Wand. Vom Asphalt gekratzte Reisende an ihrem voreiligen Ziel. Auch wenn wir es ihnen hundertmal vorsagen, wo es langgeht, sie gehen nur in die Breite. Da kann man nichts machen. Es ist ja schließlich ein Breitensport, und nur der füllt unsere Zimmer und Betten. Die Toten umbetten? Was reden Sie da! Die haben doch nicht einmal ein Grab! Wär ja schön, wenn die alle jetzt kämen, jetzt fehlen sie uns, jetzt wären sie uns willkommen, aber jetzt ist es zu spät. Es ist immer ein JETZT, wenn etwas zu spät ist. Die könnten nicht einmal ihre eigenen Gräber besuchen, und dabei hätten wir noch so viel mehr Sehenswürdigkeiten zu bieten. Aber wir können sie nur anbieten. Zugreifen müssen sie schon selber.

SECHS

Was soll ich leiden? Woran? An dem Verliebtsein leiden? Als eine Mißlungene, Fehlgeschaffene auch noch leiden, weil ich das, was ich haben möchte, nicht einmal anstreben kann, selber Verstrebungen brauche, um mich irgendwo zu halten, denn alle meine Bestrebungen nützen ja nichts. Die Liebe liebt nicht das Wandern, aber sie sucht immer den Anderen, das ist sehr dumm von ihr. Sinnlos. Das bringt Zerzaustheiten im Herzen, man wartet auf Briefe, man zittert, man wartet auf ein simples Klingeln, man ändert den Klingelton, wieder nichts, es ist so wenig, das nicht kommt, man wartet auf jemanden, der sowieso nicht kommt, es kommt ja nicht einmal sein Vorläufer, sein Johannes der Täufer, sein Klingeln, seine kleine Melodie, mit der sich das Sprechen eines anderen Menschen ankündigt. Das Sprechen wie das Klingeln, welches dem Sprechen vorauseilt, sind immer nur das Zuvor, aber das Danach kommt danach nicht. Man fürchtet sich vor etwas, das nicht kommt, denn der Anruf, der vorausläuft und fröhlich kläfft, um den Anrufer wichtig zu machen, damit er sich wichtig machen kann, der kommt nicht, es läuft ihm auch nichts voraus. Die Schranke vor den Wünschen hebt sich nicht. Für mich jedenfalls nicht, nein, für mich auch nicht. Ich habe vielleicht meine Kreditkarte nicht richtig in den Schlitz geschoben, sie war an sich schon ungültig, kein Kredit mehr, ich war vielleicht selber ungültig oder zu ungeduldig, der Balken, der den Geliebten durchstreichen soll, aber natürlich erst nach ausgiebiger Benützung, hebt sich für mich nicht, das Klingeln kommt noch immer nicht, das Davorlaufen klappt nicht, der Ton ertönt nicht, ich will durch diese Schranke, unbedingt, je weniger sie mich läßt, umso heftiger will ich. Ich verlange Zärtlichkeiten, die mir zustehen, ich habe sie auf mein Geburtsticket eintragen lassen, jetzt will ich sie endlich konsumieren, nachdem ich jahrelang Mama gepflegt habe. Die Menschen sollen meine Genitalien nun sehen und schätzen lernen, sie sollen sie auch benutzen, von mir aus, unbedingt!, die geliebten Menschen sollen dauernd anwesend sein, auch wenn das manchmal unbehaglich ist, man will sie ja auch wieder nicht immer dabeihaben, sie sind schließlich keine Handtaschen, die man schließen könnte, die Geliebten, sie sind zu schwer, aber meine Bestrebungen bestehen fort, sie bimmeln mit dem Gerät, nein, eigentlich ist es eine kleine Melodie, die sie mir ankündigt, diese lieben Menschen. Die Post hat etwas, und das Etwas wird immer größer, wenn es nicht kommt. Ich kann jederzeit mit ihm Kontakt aufnehmen, ich kann den Kontakt schließen und das Netz damit sprengen, weil es bald so viele Kontakte sein werden, ich kann Freunde finden, wo nie welche waren, ich kann Freunde verlieren, wo auch keine waren, ich kann sie trotzdem verlieren, weil mir das alles schon zuviel wird. Ich kann mich selbst durchstreichen, nein, das hat es zuvor nie gegeben, daß ich mich selber zurücknehmen kann: Ich kann mich aus dem Netz zurückverlangen.

Eigentlich ist das umgekehrt zu dem, was ich früher wußte. Daß meine kindliche Liebe zu den Eltern nach vorne kippt, über mich drüberkippt, und ich kann sie dann austrinken, und ich kann dann jeden, der danach kommt, immer wieder den Becher Erdbeerjoghurt auslöffeln lassen, der mit dem Geschmack der Kindheit, als ich besonders Mama liebte, durchsetzt ist. Den Geschmack will ich wiederhaben. Den stürze ich, wie einen Pudding, über alle drüber, die da noch kommen sollen. Ich rinne ihnen schon zu den Ohren heraus. Das strömt nur so aus mir, diese sexuellen Bindungen bestehen noch fort, bestehen ja immer noch fort, auch wenn sie gar nicht mehr bestehen, weil sie irgendeine Prüfung nicht bestanden haben, wer hätte das gedacht!, meine Bindung an Mama besteht leider noch fort, was soll ich machen, dieser Posthornton gefriert, das Blut gefriert mir in den Adern, das bleibt in der Luft stehen, mal hier, mal dort. Findet keinen Ausgang. Mama, du, meine erste Liebe, an der ich alle anderen messen werde, ich freue mich schon so darauf! Keiner wird, an Mamas Liebe gemessen, bestehen können. Diese Liebe bleibt als ihre Form, als die Kuchenform, die Puddingform noch in der Luft erhalten und wird über alles drübergestülpt, was als Liebe sonst noch daherkommen wird. Sie glauben, ich habe diese Liebe zu Mama verdrängt? Keinesfalls, ich habe sie gespeichert und dann ins Netz geworfen. Irgendwer hat sie mir vorhin wieder zurückgeworfen, das konnte doch nicht sein Ernst gewesen sein! Ich habe mehr geliebt als er, warum liebt er mich dann nicht mehr?

Aha, da kommt grade einer, der kommt mir gerade recht, natürlich auch aus dem Netz, andere Menschen gibt es schon lang nicht mehr, der hat sich freigemacht aus den Maschen, macht sich sofort frei, als er mich sieht, das ist ja der Zweck des Ganzen, ich jage ihn nicht zurück, dorthin, wo er herkam, er ist eh nicht echt. Was von dort kommt, ist noch nie echt gewesen, und doch sind es Menschen!, ja, der war auch einer, der war auch so einer!, ich fasse ihn schärfer, ich finde ihn scharf, aber ich fasse ihn schärfer, ob er meiner großen Liebe zu Mama würdig sein kann, die damals noch vollkommen echt war, Sie können reinbeißen – alles echt!, nein, kann er ihr nahekommen, kann er dieser Liebe zu Mama auch nur nähertreten? Nein, ich meine: Kann er mir nahekommen?, nein, hoffentlich doch, aber wahrscheinlich nein. Welche Wirksamkeit hat Mamas Liebe heute noch für mich, bitte erzählen Sie! Erzählen Sie es unserem Saalpublikum und den Zuschauern daheim! Erzählen Sie es einer Armseligkeit wie mir, die gebannt zuschaut, und erzählen Sie es auch einer Psychotante, die so lange keinen Menschen mehr gesehen hat, daß sie nicht mehr weiß, wie die Menschen überhaupt aussehen! Und dann verlangt diese Psycho-Tante Anneliese von einem Menschen, der dem Netz grade frisch entschlüpft ist und noch die Maschen an den Ohren hängen hat wie zwei Kirschen, auch aus Mamas Zeiten, da verlangt die etwas ausgerechnet von mir, was ich unmöglich machen kann, und dann verlange dafür ich von einem, daß er was zahlt, damit er in diesem Forum überhaupt vorkommen darf, und dann von wieder einem anderen, der sich auch eingetragen hat, daß ausgerechnet der und der andere ebenfalls mich auch noch so lieben wie Mama! Kennen Sie sich aus? Das müssen Sie nicht, ich fasse es für Sie zusammen: Alle sollen mich so lieben wie meine Mama und, wenn möglich, sogar noch mehr. Das ist leider nicht möglich.

Zuerst soll der Mensch, der grade geschlüpft ist, mir sagen, wer ich überhaupt bin, und dann soll er mir, aufgrund dieser besonderen Beziehung, die wir aufgebaut haben, so sagt man doch, oder?, ja, so sagt man doch, dann soll er mir sagen, wer er ist, was mir schon mal nicht gefällt, und dann soll er mich auch noch lieben! Ist mir noch zu helfen? Also ich möchte erst mal mein Verdrängtes, auf das mich mein Analytiker aufmerksam gemacht hat, nicht unterschätzen, nein, diesen Fehler möchte ich nicht begehen, mein Herz, mein liebes Liebchen, also nein, das Verdrängte soll wieder ins Netz zurück, wo ich alle meine Möglichkeiten hernehme, aber manche können sich nicht sofort losmachen aus den Maschen, können sich nicht sofort freimachen, um abgeschickt zu werden, brauchen eine Frankierung, können nicht schnell genug wegrennen, und da bin dann ich. Bitte, machen Sie sich frei, sagt der Arzt, sage ich nicht in diesen Worten, aber auch. Doch wer kann sich schon freimachen, wenn er keine Marke hat, wenn er sich nicht vorher losgemacht hat? Wenn er nicht entschlossen vom Ufer losgemacht und in meine Richtung gepaddelt ist, das riesige Netz hinter ihm dort, wo früher die Sonne war, wo früher der Mond war, diese riesige erdumspannende Möglichkeit auf Genuß, auf Spaß, auf ein Teilen von Freuden, auf ein Mitteilen von Leiden, auf ich-weiß-nicht-was, diese Möglichkeit klafft hinter ihm auf wie eine riesige Vulva, denn alle wollen ja lustig sein, ich nicht, ich will Mama und die Möglichkeiten der äußersten Liebe, welche sie mir bot, ein Verhängnis, denn sowas hab ich nie wieder gekriegt, nicht einmal ansatzweise, obwohl ich ja ursprünglich mehr wollte, was drängst du denn so wunderlich, mein Herz? Es nützt dir ja nichts, das ganze Drängen nützt dir nichts, jawohl, es stimmt schon, daß im Netz alles gleichzeitig ablaufen und gleichzeitig stattfinden kann, milliardenmal, da jagen sie herum, die Herzen, meins wird schon auch dabei sein, mal sehn, was heute für dich dabei ist, was für dich drin ist, was die Post heute sagt, wie die Post sich heute wieder zur Geltung bringen wird, aber ich bin Ihnen noch was schuldig, ich bin Ihnen noch die zweite Gefahr schuldig; die eine war das Unterschätzen dessen, was Mama mir heute noch an Liebe geben und was mir kein andrer geben könnte, die zweite Gefahr war, wie soll ich es sagen?, daß einmal alles herauskommen wird, daß einmal alles wieder herausgeschleudert werden wird, daß uns das ins Gesicht geschmissen wird, was wir hineingesteckt haben, unser ganzes Leben, das wir in die Gesichts- und Freundschaftsseiten hineingestopft haben, daß uns das wieder zurückkommt, zu uns zurückkommt, nicht mehr weggeht zu anderen, die längst nicht mehr darauf gewartet haben, sondern zu uns zurückkehrt, ohne vorher angekündigte Rückholaktion, weil die Bremsen versagen, daß es wiederkommt, daß das Normale, das ganz Normale, das, was wir alle sind und haben, was total normal ist, was alle sind, was alle wollten, total normal, mein Herz, auch du, normal!, daß das zurückkommt, ja, geh nur ruhig rüber, wie es dort mag stehen, auch dort wird alles, was wir wünschen, total normal sein, das Netz wird es liefern, auf Knopfdruck, daß das alles also mit wenig Anstrengung meiner- oder deinerseits herauskommen wird, ja, das wird vielleicht passieren, das Netz wird Tonnen an Menschen freigeben, nein, vorsortieren können wir sie

Ihnen nicht, das müssen Sie schon selber erledigen, am besten vorher, Sie müssen vorher Ihre Wünsche anmelden, und dann bekommen Sie sie erfüllt. Wo sollen wir Sie hinkippen?, und die anderen?, da sind noch mehr davon, das haben Sie jetzt davon, haben Sie in der Latrine, die Ihre Wohnung ist, weil Sie immer vorm Bildschirm sitzen, die Ihr Hinterhof ist, die Ihre armselige Fotze, Ihr erwartungsfroher Schwanz ist, überhaupt genug Platz? Da kommen diese riesigen Massen aus dem Netz, völlig maßlos, völlig überzogen das Ganze, völlig mit Nichts überzogen, die ganze freundliche Tapete, da gibts nichts zu meckern, kein Grund zur Klage, da kommen die alle, da kommen sie schon, wie sind die bloß dort reingegangen?, vielleicht nicht alle ganz freiwillig, aber drin waren sie, sonst könnten sie ja nicht herauskommen!

Was wunderst du dich, mein Herz, was wunderst du dich, du hast sie ja selber geholt, du hast sie dir ja selber eingeholt aus diesem Netz? Mit dem bist du einkaufen gegangen. Nein, keiner darunter, der dich so liebt wie Mama, und mehr schon gar nicht, aber schau nach, vielleicht ist ja noch einer darunter oder eine darüber, etwas abseits, den du immerhin in die nähere Auswahl mit hineinziehen könntest, schau nur, unter diesem hier zum Beispiel, von dem ich nur das Gesicht und den Oberkörper, ein Stück davon sehen kann, nein, er schaut Mama überhaupt nicht ähnlich, keine Spur von ihr, wie auch, mein Herz? Wie sollte der sein wie deine Mama, wie sollte der so bedingungslos zu dir sein, dich so bedingungslos lieben wie deine Mama, das sind andre Menschen, ganz andre, die aber immer noch selber an deinen

Knöpfen drehen, an deinen Hebeln kippen, auf deine Vorbauten einschlagen, das müssen sie noch von Hand machen, das ist das einzige, alles andre geht automatisch, nur Mama war die einzige, die dich über deinem Lastenkipper, über die Ladefläche aus dir selbst herausrinnen lassen konnte, als würdest du innerlich ausgehöhlt, weil du alles hergeben mußtest, weil du alles geben mußtest, weil du für sie alles aus dir herausholen mußtest, und da war doch nichts. Da war überhaupt nichts. Doch Mama tat so, als bemerkte sie das nicht. So stellst du dir jetzt also die Liebe vor, was? Daß diese Höhle, diese Leere in dir mit einer Art Leichtbeton wieder aufgefüllt wird? Dann kann man aber nicht mehr in den Keller! Nachdem dort unten was aufgefüllt worden ist, mit dem, was ein Kipplaster oder ein fahrbarer Betonmischer aus sich herauswürgt und womit er dich wieder zuschüttet, so daß du auf jeden andren schon erwartungsvoller und freundlicher schaust als auf dich selbst, denn dich selber siehst du ja nicht mehr, dich gibt es ja gar nicht mehr, du bist ja zu, du bist ja vollkommen dicht? Das ist es ja, nicht einmal dann wirst du dich selbst vergessen können! Und du wirst auch immer noch an Mama denken müssen! Überhaupt, das ist mir auch noch aufgefallen: daß du nämlich dauernd das Normale mit dem Maß des Pathologischen mißt, bloß weil dir diese Frau das einmal gesagt hat, die du deswegen nicht vergessen kannst. Doch sie hat dir nie mehr geantwortet. Du hast sie angefleht, aber sie hat nicht geantwortet. Du hast sie nie kennengelernt. Dafür haben andere geantwortet, die nicht sie waren. Es antworten immer wieder andere, immer Neue, der Vorrat scheint unbegrenzt. Wer sucht, dem wird geantwortet. Kaum kommt einer aus den Maschen des Netzes herausgekrochen, wird ihm schon geantwortet, von solchen, die zuvor schon tausendmal anderen geantwortet haben. Das ist eine Überbeantwortung, doch man überantwortet sich sofort, dazu ist man allzeit bereit. Man fragt zwar weiter, aber man überantwortet sich bereits, schon im Fragen.

Und lebt der Fremde mal bequem in seinem Grab, muß er auch schon wieder raus. Es ist noch eine Antwort übrig, die er sich abholt, die sich der Verstorbene dringend abholen muß. Keiner nimmt ihn auf, denkt er noch, nur sein Grab. Doch schon nimmt ihn wieder einer, einer nimmt ihn immer auf. Das Netz nimmt ihn dann wieder auf, selbst wenn er im Grab liegt, selbst wenn es keine Antwort gegeben hat, es nimmt ihn jederzeit wieder; das Netz, das ihn hergegeben hat, nimmt ihn auch wieder auf. Das Netz ist eine Gebärmutter für Menschen, die aber immer schon total fertig sind, wenn sie rauskommen. Na, da wird wieder was rauskommen! Aber schon holst du dir neue, du läßt dich nicht von deinen sexuellen Zielen ablenken, das hab ich dir gleich angesehen, aber dieser Mann ist endlich der Richtige für den Sex, der ist sechs Richtige, das sehe ich ihm an. Ja, dieser Frau sehe ich es auch an. Nein, nicht?

Der Klingelton erschallt nicht, das Horn ertönt nicht, es läuft ihm nichts mehr voraus, kaum daß er dich gesehen und für zu leicht, nein, für zu schwer befunden hat, immer zu schwer? Ich strebe nach zärtlichen Gefühlsbindungen, schreibst du, die auch noch durch gemeinsame Hobbys und andre Unfreundlichkeiten und Unbequemlichkeiten untermauert werden können, wegen derer man an den unmöglichsten Zeiten die Wohnung verlassen möchte, um zu laufen, bergzulaufen, zu wandern, zu klettern, zu reisen, zu schwimmen, zu springen, zu sprengen, zu tanzen oder mit andren das zu machen, was der alles mit mir machen soll, aber schon bald nicht mehr machen will, er will sich bald absondern, schreibst du, das geht nicht, das erlauben wir nicht, daß er sich absondert, er kann seinen Hobbys nachgehen mit mir, er kann fernsehen ebenfalls mit mir, er kann diskutieren mit mir, dieser Mensch, er kann durch die Maschen des Netzes ein- und ausschlüpfen wie eine Schlupfwespe, er kann das alles auch mit mir, Mama hat das doch auch mit mir gemacht, also warum kann er es nicht mit mir machen? Warum kann die es nicht mit ihm machen? Warum kann keiner es mit keinem machen? Warum können alle es mit allen machen? Und noch mehr alles machen? Wir verlieren unsere Eltern ja nicht umsonst, wir verlieren sie, damit sie durch andere Leute ersetzt werden können, die dann nie so gut zu uns sind wie die Eltern, na ja, das ist nicht immer so, wenn es umgekehrt ist, daß die anderen besser zu uns sind als die Eltern, dann ist es auch gut, von mir aus, dann ist es von mir aus gut. Dann kann das eben auch passieren. Mir doch egal. Ich bin sowieso ein Mensch, der zur vollen Befriedigung nicht fähig ist, ich bin zielgehemmt, was besser ist als ungehemmt. Ungehemmtheit: mehr Arbeit, aber auch mehr Lohn. Zielgehemmtheit: mehr Ausreden. Es ist doch so: Wer zu Befriedigung überhaupt nicht fähig ist, so wie ich, der hat ein schönes Leben, der ist dann froh, daß Mama weg ist, die einen an der Befriedigung seiner sexuellen Ziele so lang gehindert hat, daß man gar nicht mehr weiß, ob man überhaupt welche hatte. Wer gehemmt ist, der ist froh, dafür kann er dauerhafte Bindungen zu anderen schaffen. Diese Verbindungen halten. Da kann sich einer am anderen anhalten, aber sonst kann er nichts mit ihm machen. Das Netz spuckt schon wieder ein paar aus, mit mindestens einem von ihnen können Sie gewiß eine dauerhafte Bindung eingehen. Bitte, ich brauche keine, nehmen Sie sie, die nächste, die kommt, nehmen Sie! Ich warte noch. Wenn nicht, dann nicht. Aber der Ungehemmte, oje, der hat Pech, der erschöpft sich in seiner ewigen Befriedigungskette, die aber immer schon reißt, wenn er nur die Hand nach ihr ausstreckt, der rennt hierhin und dorthin, um befriedigt zu werden, was aber immer nur kurz dauert, weil er das ja gar nicht will, und dann muß er schon weiter, um wieder ganz neu befriedigt zu werden, wie am Anfang, wie bei Mama, nur besser, da von jemand anderem, nein, Mama, so bin ich nicht! Danke, Mama! Du kannst eh nicht übertroffen werden, obwohl ich immer darauf hoffe. Es wird in der Liebe die kinetische Energie dauernd wieder zerstört, die man aufgebaut hat, der Ungehemmte zerstört also immer mehr, als er aufgebaut hat, doch er hat immerhin seinen Spaß dabei. Der Triebgehemmte hat auch seinen Spaß, aber weniger, er ist nicht immer so müde, sucht nicht immer so lang, weil er schon das nächste Objekt, das sicher ein besseres sein wird als das vorherige, ausgesucht hat, er hat ihm eine E-Mail geschrieben, daß es ein Objekt überhaupt ist, was da kommen wird, das hat es vorher ja nicht gewußt, und schon öffnet sich erneut die Vulva des Netzes, welche die Runderneuerten freigibt, die man vorher unter andrem Namen, mit andren Hobbys, die einem bekannt vorkommen, schon kennengelernt hat, das Netz eine Baubo, die immer stolz sich selber herzeigt und sich öffnet, aufspreizt, sich zeigen muß, sich zeigen möchte, denn man muß sich ja sowieso öffnen, warum also nicht hier und jetzt, warum also nicht andauernd und ausdauernd?, na, ich muß das nicht, ich öffne mich nicht, mir gefällt es verschlossen besser, mir persönlich gefalle ich ohne Ein- und Ausgang besser.

Von der Straße her ein Posthorn klingt, und schon wieder ist eine Mail für Sie eingetroffen, Sie haben Post, und ist ein neuer Mensch eingetroffen und sind eine neue Fotze, ein neuer Schwanz eingetroffen, das eine für diesen, dieses für jenen, dasselbe immer für immer, das geht wie von selber, das ist nicht mit einer Geburt zu vergleichen und nicht mit dem, was Mama damals aushalten mußte, danke, liebes Netz, das geht einfach so, man drückt ein paar Knöpfe, gibt ein paar Zeilen ein, gibt sein Passwort ein, und schon kommt ein Mensch hervorgekrochen, der ist wie alle, aber er ist ja auch wie alle im Netz, ein Mensch, dem es gut geht oder schlecht geht, der geht oder nicht mehr geht, der nur geht, wenn er aufgezogen wird, immer neu aufgezogen von den ungehemmten sexuellen Vorstellungen des sexuellen Leistungsträgers, der ganz normal ist, der wie ein Rabe vom Dach schreit, dauernd schreit, bis alle Augen ringsum wach sind, und dann läuft er wieder ab, genauso lang wie er aufgezogen worden ist, ja, er geht!, aber nicht lang, ich habe vorhin die Uhrzeit verglichen, er stimmt, und er geht, er stimmt oberflächlich mit mir überein, aber mehr brauche ich ja gar nicht. Der läuft jetzt ab wie aufgezogen, wie von Mama aufgezogen, was er ja ist. Den nehm ich, denn morgen kann ich schon einen andren, eine andre nehmen. Das Netz gibt unaufhörlich, es wirft uns die Bälle zu wie eine Wurfmaschine, man nimmt, man nimmt möglichst jeden, möglichst viele, man probiert aus, da man Mama nicht mehr hat, ist man in eine ewige Kindheit versetzt durch das Netz, man kann unterbrochen geboren werden, und man kann unterbrochen neue Menschen von ihm bekommen, und man kann ihm auch wieder welche zurückgeben. Das ist sehr angenehm und praktisch. Die guten ins Töpfchen, mit ihnen wird eine Beziehung aufgebaut, die schlechten werden gefickt, und dabei zerstört man die ganze schöne Energie, die man in den Nestbau hätte stecken können, mit der man hätte gemeinsam was aufbauen können, besser aber, wenn ein Nest mit genügend Platz schon vorhanden ist. Dann nimmt das Netz einem die Arbeit des Suchens und die des Findens auch gleich ab, dieses findige Netz, das uns immer und überall findet und uns jede Arbeit abnimmt, weil wir immer schon gefunden worden sind und wieder andre finden, die unbedingt gefunden werden wollen, das geht ganz leicht.

Nehmen Sie diesen Menschen jetzt an oder nicht, fragt die Post, die sich durch einen Klingelton, durch ein Posthorn, vorher angekündigt und verständlich gemacht hat, nehmen Sie diesen Menschen jetzt an oder nicht? Sie haben zwei Stunden Probezeit, dann geht er zurück, oder Sie nehmen ihn halt, Sie nehmen seinen Inhalt halt an.

Er hat sich per Nachnahme geschickt, das heißt, es kostet Sie was. Bei Nichtgefallen Geld zurück. Bei Gefallen kostet es nichts. Es kostet niemanden was. Keiner kostet mehr, alle wollen sie gleich fressen, ohne zu kosten. Bitte warten Sie! Sie sind jetzt in die Warteschleife gelegt worden, Sie sind hereingelegt worden, das macht nichts, Ihr Gegenüber muß ja ebenfalls ein wenig warten, und zwar auf die Wiederanhäufung seiner sexuellen Energie, die er vorhin wiederum an jemand anderen als Sie verschwendet hat, macht ja nichts, er hat bald wieder etwas zu verschwenden, und Sie haben doch auch viel zu geben, also können Sie sich genausogut auch aneinander verschwenden, das ist sogar besser als mit Mama, die sich an Sie verschwendet hat, allein die ganze schöne Milch!, Sie sich aber nicht an die Mama. Sie hat Sie trotzdem ausgesogen, die Mama. Nichts mehr übrig. Die leere Hülle können Sie meinetwegen haben, also nicht wegen mir, ich schmeiß sie auch gern selber weg, aber vielleicht können Sie sie noch etwas ausquetschen, vielleicht ist ja noch was drin für Sie? Was? Nichts mehr drin für Sie? Nun, liebesmäßig war die Rechnung vielleicht nicht so ausgeglichen, wie Sie gedacht hatten, aber macht ja nichts, macht ja nichts, mein Herz, mein Herz! Macht ja nichts, es kommen immer Neue aus dem Netz, es kostet wenig, macht aber viel Spaß. So, die gehemmten Triebe sind in jedem Maß zur Vermengung mit den ungehemmten fähig, können sich sogar in diese rückverwandeln, der Gehemmte kann einmal ungehemmt sein und umgekehrt, denn der Gehemmte ist aus dem Ungehemmten hervorgegangen und umgekehrt, was wollte ich sagen? Sie beide passen gut zusammen, vom Beruf her, vom Privaten her, vom Öffentlichen her, von überallher passen Sie beide gut zusammen, nein, ich nicht, ich passe nicht, das ist wie ein schlechter Geruch, den man ausströmt, ich weiß, mein Herz, ich weiß, es paßt nicht, wer nicht lebt, wird verachtet, es paßt nicht, der paßt einfach nie, diesen Schuh will sich keiner anziehen, aber Sie, Sie aber! Sie können das umdrehen und das Umgedrehte auch wieder umgekehrt noch einmal machen. Auf Ihnen ruhen all meine Hoffnungen auf Leben, wenn auch nicht meinem. Auf meins kann ich nicht mehr hoffen, gelt, Mama? Das hast du mir vermasselt, aber gründlich! Doch Sie mit Ihren Gefühlen, die jederzeit aus Anerkennung und Bewunderung sexuelle Wünsche entwickeln können, Sie aber, Sie aber können sich auch wieder zurückentwickeln, das sollte Ihnen schon klar sein. Sie haben mit Sex schon viel Energie verloren, aber mühelos haben Sie die wieder aufgefüllt. Sie sind ja das Perpetuum mobile! Sie machen gar nichts und haben immer genug Energie übrig! Wie machen Sie das? Sie sind für das Netz wie geschaffen, das nie mehr aus der Welt geschafft werden kann, denn wer sonst sollte uns so viele Menschen auf einmal herbeischaffen? Na, sehen Sie!

Siehst du, mein Herz, da hast du schon wieder ein frisches Liebchen! Ich freue mich ja so für dich! Nein, ich nehme an der Verlosung nicht teil, will nur mal hinübersehn und fragen, wie es dort mag gehen. Danke, daß du mir das beantwortet hast. Danke, daß es dir gut geht. Daß du nicht mit den Fingern auf meine Armseligkeit zeigst. Danke, mein Herz. Da ist etwas Furchtbares, das auf mich wartet und das die einzige Erneuerung sein wird, die mir das Netz nicht bieten kann, sondern der einzige absolute Stillstand sein wird, den mir das Netz dann auch nicht bieten kann. Der Tod kennt keine Wiederkehr, das heißt, daß jeder vor seiner eigenen Türe kehren soll, aber auch das immer wieder immer wieder. Das Immer-Wieder ist das Kennzeichen der Liebe, mein Herz, aber nicht jedesmal mit demselben, mit derselben, mit denen, die dir da gegeben worden sind! Menschen werden gegeben, Menschen werden genommen, aber der Tod nimmt alles. Der nimmt dir deinen ganzen Einsatz weg, der nimmt dir deine ganze Energie weg, die sich doch immer so brav wieder erneuert hat, ökologisch wertvoll, denn sie hat sich aus sich selbst erneuert, und dann ist es gut, wenn du die vorher schon verschwendet haben wirst. Immer schon vorher. Dann ist der Tod der Verlierer. Er nimmt zwar dich, aber mehr kriegt er nicht, die Menschen aus dem Netz, die da eingekauft worden sind, die kriegt er nicht, jedenfalls nicht alle auf einmal, nicht alle sofort. Er kriegt alle, aber brav hintereinander, anders wärs ein Zufall. Der nimmt nicht das, was übrigbleibt, der nimmt alles, das ist nur gerecht, der recht sich alles vom Spieltisch, das ist nur gerecht, denn vorher hast schon du dir alles genommen. Wirst du dir schon alles genommen haben, mein Herz, das fragt, wie es dort mag stehen. Kaum daß er dir hier schon steht und gleich wieder niederkommt, fragst du schon, wie es dort mag stehen? Das kann ich dir sagen. Dort ist nichts mehr. Dort ist nichts. Dort ist nichts. Die Post kommt aus der Stadt, das Netz kommt von überallher, es schlingt sich um dich, es würgt dich, es zieht sich um deine Kehle zusammen, wir gehen überallhin, wohin wir wollen. So. Und das Netz hängt uns wie eine Nachgeburt an den Füßen und wird mitgeschleift, durch den Dreck. Aber am Ende ist nichts. Das alles ist ja nichts. Es wird nichts gewesen sein. Am Ende wird nichts bleiben. All die Mühe umsonst. Es ist ein Nullsummenspiel, auch wenn die einen gewinnen. Am Ende gleicht sich alles aus, denn man kann nichts mitnehmen. Man kann nichts in die Stadt mitnehmen, von wo alles einst hergekommen ist. Welche Stadt denn überhaupt? Ach, egal. Dem Netz ist das alles eins. Nicht einmal Kontinente kümmern es. Einfach jede Stadt, überall, dorthin kommt, von dort geht alles hin und umgekehrt. Mama! Zuerst solltest du schon wissen, wo sie ist, bevor du sie anrufst! Nein, mußt du nicht wissen. Sie nimmt ihr Cellphone ja überallhin mit. Der Mensch ist überall dort, wo seine Zelle ist, er ist die Zelle, in der sein Telefon ist, und das ist dort, wo er eben ist. Der Mensch ist überall dort, er ist je schon dort, und sein Telefon geht immer mit ihm mit. Die Liebe ist genauso: immer erreichbar. Die Liebe ist absolut erreichbar, keine Frage, für jeden, der erreichbar ist, und das ist jeder. Jeder ist der, der erreichbar ist. Bald wird man auch den Tod anrufen können, unter einer gebührenfreien Nummer. Das wird zu erreichen sein, mein Herz. Irgendwo hatte ich ein liebes Liebchen, keine Ahnung. Keine Ahnung.

SIEBEN

Was soll ich länger weilen, daß man mich trieb hinaus? Gut. Von mir aus. Wenn man es will, so treib ich also hinaus, die grünen Wiesen leuchten hell, da wars geschehn um mich Gesell. Sie haben mich abgeschoben. Mein Verstand ist mir schon längst vorausmarschiert, einholen kann ich ihn nicht mehr. Keine Ahnung, ob für mich im Mai noch was blühen wird, vielleicht sogar früher, keine Ahnung. Ich hatte einmal jemand, da war doch was, meine Frau, meine Tochter, aber die sind jetzt fort. Nein, ich bin fort, sie sind da, oder? Hab sie verloren unterwegs, nein, schon am Anfang meiner Reise. Plötzlich waren sie nicht mehr da, ich will nicht undankbar sein, aber ein wenig hätte ich sie schon noch gern behalten, obwohl sie mich nun wirklich nicht mochten, das war ihnen ein Anliegen, mich nicht zu mögen. Sie führen mich dem Ende zu, ich seh es schon, doch ist es nicht erreichbar. Nicht einmal das Ende erreichbar, es ist immer nur grade vor mir, ein Köder, dieses Ende, verführerisch, aber nicht erreichbar. Ich bin am Ende, aber das Ende bekomm ich nie zu sehen. Keiner sieht das Ende. Muß Menschen scheuen, das war ursprünglich anders, da hab ich die Menschen noch gesucht. Das ist lange her. Sie haben mich hinausgetrieben, ich lieg jetzt kalt und unbeweglich, bitte, ist das ein Spital, wo ich hier liege? Sieht ganz danach aus. Ich habe keine Erlaubnis, woanders zu liegen, ich habe einen Einweisungsschein, bitte, hier ist er, in guter Ruh tu ich die Augen zu, ist das schon das Ende, an das ich geführt wurde? Noch nicht, noch nicht erreicht, noch nichts erreicht. Ist das etwa ein Gitterbett? Ist das jetzt schon der Stillstand? Ich ging so fröhlich einst, grub spitze Steine aus, bestimmte den Gehalt an Mineral im Stein, bestimmte Pflanzen, Berggipfel, Tiere?, nein, Tiere nicht, die haben mich nie interessiert, zu menschenähnlich!, ich war ein Wanderer, wenn es je einen gab, einer, der nur an Unbelebtem interessiert. Die Berggipfel rennen ja nicht weg. Damals konnte ich mich noch frei bewegen, das scheint jetzt vorbei zu sein, warum sollte sich etwas anderes als ich bewegen, ein Tier? Hätte mir Angst gemacht, wie das meiste übrigens, das lebt. Ich will an die Vorzüge von Frau und Kind glauben, doch sie zeigen sie mir nicht. Die harten starren Rinden von Bäumen sind unter meinen Händen geschmolzen, so geliebt hab ich die Natur, doch schmolz sie mir unter den warmen Fingern weg, wohin wohl, wohin diese Reise, wohin das Schmelzwasser, wo fließt es ab? Ich weiß ja selbst nicht, wo ich bin, möchte aber doch so gern wohin, wo ich nicht bin. An diesen leeren Ort mit einem vollen Anblick ringsumher. Meine Frau, meine Tochter scheinen auch irgendwie geschmolzen zu sein, ich seh sie nicht, die haben sich wohl verdünnisiert, verflüssigt? Nein, das glaub ich nicht, doch in ihrem Kielwasser, auf ihrer Gischt bin ich davongetrieben, untreulich geführt. Das ist jedenfalls das letzte, woran ich mich erinnere, nur weiß ich nicht mehr, ob es Frau und Tochter überhaupt waren.

Diese Energie, mich fortzutreiben, hinaus! Schon bewundernswert von ihnen, diese Ausdauer. Nun merk ich erst, wie müd ich bin. Aber diese Frauen, die verlockten den Wandersmann, die wußten, wie man das macht, sie lockten ihn zum Tor hinaus, sie wiesen mich aus meinem hellen, warmen Haus hinaus. Wenn sie diese Energie auf etwas anderes gelenkt hätten, wären sie gewiß genauso erfolgreich gewesen wie an mir, das seh ich ihnen an. Die hätten mit ihren geheimen Kräften Elektrogeräte zum Laufen und wilde Tiere zum Fortlaufen bringen können. Was haben sie sich an mich verschwendet? Ich war doch kein Gegner für sie! Das konnten sie, mich hinaustreiben, ich geb ihnen den Scheidegruß, geb ihn zur Sicherheit noch einmal, falls sie ihn beim ersten Mal nicht gesehen haben, doch sie beachten ihn nicht, wispern, daß nur ich es höre: Das Spitalbett wartet schon, wir haben das Hotel zum Totenacker schon gebucht, dort ist es ruhig, gib dich nur hin unserem klugen Plan, nur Täuschung ist für uns Gewinn!, wir können dir viel erzählen, doch landen wirst du im Gitterbett, in Eis und Nacht und Graus, das steht fest. Nicht das Bett steht fest, sondern daß du fort mußt in kein helles Haus; daß du hineinmußt, steht bereits fest, daß du davonmußt aus diesem Haus. Ach, wer wie ich so elend ist, gibt gern sich hin der bunten List.

Ich hab ihnen geglaubt. Ich habe meiner Frau und meiner Tochter geglaubt, daß ich nur auf Erholung fahre, war zu müd, umherzutaumeln im matten Streit. Alles wie immer. Sie haben einen Stufenplan, einen Liftplan haben sie nicht, aber einen Stufenplan, damit sie mich leichter zu den Irren bringen können, ja, es muß abgestuft passieren, es muß hinausgehen, daß sie verlocken den Wandersmann. Und zwar nach Kreuz und Quer, doch die Richtung ist klar.

Sie geben mich erst mal, damit ich mich daran gewöhne, von ihnen fort zu sein, damit das Fortsein mich nicht wegschwemmt und ich auf einmal wieder neben ihnen hertreibe im schmutzigen Wasser, auf ihrer Wasserflut, im Abwaschwasser ihres eigenen Lebens, mit dem sie mich angeschüttet und dann ausgegossen haben, erst mal geben sie mich also in ein kleines Heim, in ein so kleines Heim, so klein, das sehen Sie gar nicht, wie soll ich da je hineingehn?, da geben sie mich hinein, das nenn ich einen Morgen, so recht nach meinem Sinn, na, der Tag hat aber gut angefangen!, in dieses winzige Heim geben sie mich, das aber kein Heim ist, es ist ein Heim für andere, nicht für mich, es ist ein Heim für zu viele, da passe ich gar nicht mehr hinein, oder ist das schon ein andres Heim, sind denn in diesem Hause die Kammern all besetzt, so daß sie mich mit Gewalt dort hineinzwängen müssen?, in dieses Heim, das keins ist und auch so recht überhaupt nicht nach meinem Sinn, aber ich muß dorthin, das sagen sie mir. So ein Elend, so ein Elend, diese klugen Frauen, die eine führt die andre, die doch längst selber sehen kann, wohin sie geht, doch geführt muß sie werden, klug geführt, immer geführt, wie ich, immer noch geführt, die eine von der andern. Sie können so viel mit sich anfangen, mit mir nicht, aber mit sich, da staune ich nur, sie bieten einander Möglichkeiten an und ergreifen die eine, die andren nicht, ergreifen so vieles, nur mit mir können sie nichts mehr anfangen, nichts mit dem Papa anfangen können sie.

Sie wollen mich nicht, der Fluß, der sie sind, auf dessen Wellen ich dahintreibe, ich komm da nicht mehr raus, dieser schäumende Fluß weist mich nicht ab und weist mir keinen Weg, ich muß mit, mit dem Wasser mitschwimmen, in dem ich mich bewege, bis sie mich irgendwann abschütteln, abwerfen und danach allein weiterschwimmen wie die Fische in ihrem eigenen klaren Bach, dieser Fluß, der ist so, ich weiß nicht, irgendwie komisch, als wäre etwas unter mir weggetaut oder weggetaucht?, als hätte ich mich aufgelöst und war doch lang in diesem Fluß zu Haus, konnte mich noch halbwegs oben halten auf seinen Wellen, bei Frau und Tochter, die haben mich getragen, die haben mich in meinem Elend auch noch mitgetragen, das muß ich zugeben, eine Weile, eine lange Weile, nun, sie wollen mich jetzt nicht mehr. Das ist verständlich. Dieser Fluß, der sie sind, der mich fortreißt, der irgendwann zurückbleiben wird, was nun wirklich kein Fluß täte: Einmal werden sie mich allein lassen im Fluß, der rauscht so lustig, ein heller, wilder Fluß, wie es sich gehört, ich tanze auf den Wellen, neben mir tanzen Frau und das böse Kind dahin, doch halt, nein, ein Halt wird das nicht, der Fluß nimmt mich ja unerbittlich weiter mit. Jetzt seh ich erst: Diese zwei Frauen sind ja mein Fluß!, sind das, was mich trägt, als unsicheres Element, ein Fluß, der da so lustig rauscht. Aber es ist gar kein Rauschen, da schreit etwas in diesem Fluß, auf dessen Rücken ich mich abspiele, mich abspule, mich purzelaufbäume. Bin ich das, der da schreit? Schnee, du weißt von meinem Sehnen, warum sagst du mir nicht, wer da schreit, weil er sich sehnt und nichts bekommt? Ein Fluß, der in die umgekehrte Richtung fließt, das würde es treffen, wenn ich mich so anschaue, ich will ja auch wieder zurück! Mein Verstand verschwindet in dieser Krankheit, das ist nicht zu leugnen, ein einsamer Wind marschiert davon, vielen Dank, ich gehe noch selbst, ich kann noch selber gehen, Sie müssen mich nicht unbedingt einsperren in dieser Wildnis, die mich versengt, ich kann noch gehen, meine Wildheit ist lang schon verschwunden, aber gehen kann ich noch, und ich kann mich hier nicht länger aufhalten, kann nicht weilen, der Tod will mich sonst beendigen, doch wenn er einen nicht kennt, weil man zuvor woanders war, dann nimmt er einen vielleicht gar nicht mit. Aber verlassen würde ich mich nicht darauf.

Ich rutsche aus mir heraus, doch was mich tragen sollte, das ist jetzt fort, kein Halten mehr, kein Halt mehr, kein Halt an Frau und Kind, ich erinnere mich nicht, in welcher Krankheit ich gefangen bin, aber es ist eine Krankheit, es muß eine sein, denn so habe ich mich nie zuvor gefühlt, so eingesperrt, es ist zu kalt zum Stehen, der Rücken fühlt keine Last, der Sturm hilft fort mich wehen. Doch noch tragen sie mich, noch tragen sie mich, aber ich sehe schon, es ist Wasser, das mich da trägt, sie sind mein Wasser, das diesmal mich abgeschlagen hat anstatt umgekehrt, diese beiden Frauen, mein tragendes Element, hüpfen fröhlich dahin, mein heller, wilder Fluß, aber irgendwas stimmt jetzt nicht mehr, es ist, als fiele ein Blatt zu Boden, als schaute man auf Abendrot und Morgenlicht gleichzeitig, die Zeit ist aus den Fugen, sie knarzt in den Angeln, weiß nicht, was sie verschließen soll vor wem.

Vorhin war noch Morgen, jetzt ist Abend, vorhin war Sommer, jetzt ist Reif als weißer Schein mir übers Haupt gestreut, ich weiß es nicht mehr. Irgendwo werden sie mich ans Ufer werfen, die Meinen, Meinigen, Meineidigen, die mich derzeit noch tragen, wie Wasser tragen, mein Wasser, die beiden, mein tragendes Element, doch so unsicher, schwankend und ohne Ziel, sie werden mich in ihrer Mitte nicht mehr dulden wollen, nicht mehr ertragen, mich nicht mehr tragen können, ich seh es schon kommen, sie werden weiterwogen, diese Frauen, als wilder Fluß, bald sind sie fort. Doch ohne mich werden sie stiller sein, sie wissen es nur noch nicht. Gleich gestillt wird dieser Fluß, wenn ich endlich weg bin, er spitzt schon die Lippen, mich auszutrinken anstatt umgekehrt, ja, diese Frauen wollen mich aussaugen! Was fragen sie nach meinen Schmerzen? Aber sie fragen ja gar nicht! Ohne mich wird ihr Fluß recht still werden, das werden sie schon noch sehen! Sie bellen wie Hunde, sie rasseln mit ihren Ketten, sie schlafen endlich alleine in ihren Betten. Träumen sich manches, was sie nicht haben, wollen verschwenden, was sie noch haben. Und morgen früh ist alles zerflossen. Alles fort. Da war einmal, lang ists her, ein Tag des ersten Grußes, und da fing das Verhängnis schon an, daß ich mich in ihnen verhakte, zuerst in die Frau, lang nur in die Frau, dann ins Kind, ins Kind nicht sehr, dieser Haken war mir irgendwie zu klein, nicht einmal die kleinste Mantelschlinge wollte daran halten, nichts hielt mich bei diesem Kind, und nein, bevor Sie fragen: An diesem Kind konnte auch ich mich nicht festhalten, ein Kind ist ja schließlich nicht dazu da, daß man sich auch dran hält, sich an es hält. Erkennst du noch mein Bild, Kind?, das von früher, das mußt du doch erkennen! Es ist schon alt, aber erkennen solltest du den Papa schon noch darauf. Weißt du denn nicht mehr, wie ich ausgesehen habe? Schreib im Vorübergehen ans Tor dir gute Nacht. Damit du mögest sehen, an dich hab ich gedacht. Ich weiß schon, du liest das sicher nicht.

So. Wieder ein Stück weitergekommen, wie ich hier den Ausgang finde, liegt nicht schwer mir in dem Sinn. Doch. Liegt schon schwer, das spür ich. Erinnerst du dich, wie ihr, du mit deiner Mama, als Fluß unter mir davongeronnen seid, daß mirs vor deiner Jugend graute, bis ich sah, daß die Jugend ohnedies längst vergangen war? Irgendwann hab ich dich verloren, den Menschenfluß verloren, du bist lustig davongerauscht, einmal war ich oben, dann wieder unten, aber mitgenommen hast du mich doch eine Zeitlang, danke, vielen Dank, aber ich sehe ein: Das hat dich wohl zu sehr mitgenommen, bis du mich nicht mehr mitnehmen wolltest, und doch durfte ich noch ein wenig mit, als eine Art teilnehmender Zuschauer, einsam wie dieser Wind selbst, der keine Freundschaften schließen kann, ich durfte damals noch bleiben, nur eine Zeitlang da bleiben und danach nur eine Zeitlang mitgenommen werden, ja, mitgenommen auch, aber nur eine Zeitlang, dann bellt mich fort, bellt mich nur fort!, laßt mich nicht ruhn in der Schlummerstunde, wo auch?, wozu auch?, ihr findet schon allein in eure Kissen, dafür braucht ihr mich nicht. Ich hänge an nichts mehr meine Hoffnung, und doch will ich es wissen, ich frage immer dasselbe, einmal werde ich eine Antwort bekommen, und dann wird mir die Hoffnung abfallen wie dieses Blatt, das dort fällt auch bald, und ich fall selber mit ihm zu Boden. Kein Fremder wird mir mehr folgen. Ich werde selbst der Fremde sein, überall. Ich werde einmal eine Antwort bekommen, ob ich wohl bleiben darf?, die Antwort wird mir nicht gefallen. Deshalb frag ich ja so oft. Was frage ich da?, hab ich das etwa noch einmal gefragt?, ich wurde doch schon beim ersten Mal bestraft, bloß für die Frage allein, diese Fragen, diese ständigen Fragen waren mein Untergang, und dabei habe ich sogar vergessen, fast sofort wieder vergessen, was ich gefragt habe, nun, frag ich halt noch einmal, das werdet ihr doch wohl aushalten, daß ich mich in eure Decke grabe mit diesem spitzen Stein, mit meinen Fragerein.

Ach, der Fluß wird seit einiger Zeit schon immer stiller, fällt mir jetzt auf, ich versuche, ein bißchen mitzurudern, mitzuhelfen, ihn anzuschieben, anzuspornen, vielleicht behält er mich doch auf seinem Rücken, vielleicht kann ich mich auf ihm halten, aber nein, kein Scheidegruß, der Stein wird auch immer glatter, er ist schon ganz stumpf, ich bins auch: stumpf, das Leben hat mich abgestumpft, nichts mehr läßt sich in mein Gedächtnis graben, es verabschiedet sich, mein Gedächtnis verabschiedet sich von der Zukunft, die es nicht mehr wird verarbeiten können, aber auch das Ende werde ich nicht erreichen, da ich den Anfang nicht mehr seh, es wird nichts mehr seine Ordnung haben, es wird alles abgeworfen, wie ihr mich abgeworfen habt, Frau, Tochter!, wie euer Fluß des Lebens mich kampflos, mühelos hergegeben hat, widerstandslos, das war schon was, das war schon eine Leistung!, Respekt!, ihr tragt mich da dahin, aber ein Boot gebt ihr mir nicht zu meinem Schutz! Ihr wißt genau, schon vorher, daß ich so nicht hätte leben wollen. Wie lautet die Lösung? Nicht leben! Nicht fortleben! Fort und woanders leben! Ihr habt ja recht, es hatte keinen Sinn, sich gegen euch zu wehren, ihr wart zu viele! Ihr wart zwei gegen einen! Es ist schwierig, wenn man alles vergißt, ich weiß schon, das hält man nur schwer aus, nicht einmal das, was von mir übriggelassen wurde, und das ist wenig, nicht einmal das hält man noch aus, den Tag des ersten Grußes, den Tag, an dem ich ging, vergessen, die Nam und Zahlen auch, ja, die auch, zuletzt die Zahlen, mit denen war ich immer freundschaftlicher, zuletzt die Zahlen, die ich gemocht, zu denen hatte ich wirklich ein Verhältnis, auch Atlanten und Landkarten, ein gutes Verhältnis zu Zahlen und Landkarten, und dann ihr, eure Namen, die ich doch auch geliebt!, aber ihr wollt mich nicht, um Nam und Zahlen windet sich ein zerbrochner Ring, den Ring brauch ich jetzt auch nicht mehr, meine Frau, ja, die mit dem Ring, die wird mit dem noch begraben werden, und ja, meine Tochter auch, na, von der hab ich sowas ja immer erwartet, diese zwei, die zwei beiden haben mich grußlos, aus meiner Dämmerung heraus, in ein Spitalbett gesteckt, das soll ein anständiges Bett sein? Glaub ich nicht! Mit diesem Netz drüber werden sie das kaum jemand anderem vermieten können. Na, stecke ich halt auf. Ich strecke die Waffen. Meine Waffen sind Schlafrock, Flanellnachthemden, damit wenigstens mein armer Schlaf es warm hat, Hausschuhe, Zahnbürste, Zahnpasta, Seife, Rasierzeug. Sie haben mich in ein Einfamilienhaus verbracht, als wären wir noch eine Familie, meine zwei Menschen, die nicht mehr meine sind, haben mich weggebracht, oder bin ich ihnen vielleicht entglitten?, keine Ahnung, von nichts mehr auch nur eine Ahnung, bin ich vorausgewandert oder hinterher?, ich weiß es nicht, ich erkenne sie nicht wieder, Frau und Kind, ich bin ein Fremdling überall. Nein, vom Gebirge komm ich diesmal nicht, früher oft, aber diesmal nicht, ich komm aus dem Fluß, aus dem Wasser, ich komm inmitten morschen Geästs und kranker Ufersteine hier an.

Um sie wiedererkennen zu können, Frau, Kind wiedererkennen zu können, müßte ich sie erst mal sehen, um vergleichen zu können, dafür müßte ich sie doch wenigstens einmal gekannt haben! Wer sind die überhaupt? Wo bin ich da gelandet, wohin hat mich der Fluß gespült?, wo erklingt hier bitte die Klospülung, ich müßte dort mal dringend hin, sie müssen mir jedesmal zeigen, wo es ist, kaum haben sie es mir gezeigt, hab ich es schon wieder vergessen, man kann sich aber auch leicht verirren in diesem kleinen Haus, in einem so kleinen Haus kann man sich trotzdem verirren, in diesem Haus, in diesem Untergang kann man sich verlieren und wieder fortgewiesen werden, aus diesem Haus, in dem zu viele Menschen wohnen, hineingepfercht wie der Sonnenuntergang in den Abend, nein, nicht alles Familien, nur eine Familie, nur Einfamilie, nur die Besitzer eine Familie, und die wohnen nicht hier, die wohnen in einem viel größeren Haus, das sie verdienen, das wir für sie verdienen, recht haben sie, wir anderen keine Familie, müssen aber eine sein, aber ich hatte doch einmal einen Dreipersonenhaushalt, zwei Personen Familie hatte ich, zwei Stück weibliche Familienmitglieder in einem Haus, als Haushaltsvorstand, jetzt stehe ich nirgends mehr, nicht vor meinem Haus, nicht vor keinem Haus, nicht mehr auf festem Grund, und auch dieses Haus kenne ich nicht. Wie viele erträumen sich manches, was sie nicht haben!, die meisten erträumen sich ein Einfamilienhaus oder gar ein Zweifamilienhaus oder gar eine Familie ohne Haus oder gar keine Familie, ich weiß, das wäre vielleicht besser, doch dieser Traum vom Haus für den nahenden Winter wäre für dieses Haus entschieden zu groß. Na ja, Frau und Tochter haben sich halt für das eigene Haus entschieden. Ja, die auch, das Einfamilienhaus scheint eine Art Seuche zu sein. Als Unterschlupf wäre dieses hier wieder zu klein, finden Sie nicht, Sie finden es nicht? Kein Wunder, wenn es so klein ist! Andrerseits, will man sich im Guten und Argen erlaben, braucht man ein Haus, da gehen viele rein, da gehen manche wieder raus, noch mehr aber rein. Es gibt vielen Menschen etwas, ein eigenes Haus zu haben. Und dort drinnen dann zu hoffen, das, was sie vom Leben noch übrigließen, was sie sich vom Munde abgespart haben, irgendwann dann wiederzufinden auf ihren Kissen. Und genau dort, ja dort finden sie die Rate für die Wohnbauförderung und auch die für die Wohnhaus-Wiederhinausbeförderung, genau dort ist sie, wir verdienen sie, wir verdienen dieser Einfamilie die Raten für ihr zugehöriges Haus, dieses Einfamilienhaus erbringt inzwischen Ertrag für mehrere Dutzend Familien, mehr würden noch mehr Ertrag bringen, doch es gehen nicht mehr hinein, sonst würden sie noch mehr hineinstopfen, es ist mit uns Irren schon ganz zugevölkert, was will ich unter diesen vielen Schläfern säumen?, das geht nicht, die Zeit fürs Bettgehn, die Körperpflege, das Urinieren, das Abkoten ist knapp bemessen, es sind ja zu viele Leute hier, zuwenig Nebenräume, der Besatz zu hoch, die Borte stimmt nicht, die Bordüre ist häßlich, die Menschen quellen hervor wie beim Jüngsten Gericht, wenn die Klingel zum Mittagessen ertönt, Posaune nicht nötig, wir müssen alle geführt werden, treulich geführt, das war ich einst auch, jetzt sind wir zu vielen, wir sind zu viele, man merkt es schon am Geruch, daß wir zu viele auf zuwenig Raum sind, und wir sind doch Einzelne!, jeder von uns einer!, sind doch zu vielen immer noch Einzelne, obwohl Irre doch noch Menschen sind, irre Menschen, einzelne stechen durchaus hervor und treffen auf andres weiches Fleisch, es ist ja immer einer gleich daneben. Der Kontakt ist zu vermeiden. Vermeiden Sie mal den Kontakt zu Menschen nicht!, versuchen Sie es!, das geht schwer. Aber haben Sie einmal einen Kontakt geschlossen, müssen Sie auch schon wieder fort. Sie müssen sowieso fort, jedoch ohne an Menschen anzustreifen, die ihr Alter hüten, die hier ihr Alter zu hüten versuchen, doch ein andrer ist ihr Hirte, und er schlägt sie mit seiner Gerte, doch nein, ihn hütet keiner, jeder verwahrt sich nur gegen ihn.

Ich seh schon, der Fluß hat uns hier ans Ufer geworfen, unsere Familien haben uns hier abgelagert wie Gestein, als wären wir seine Ufer, hart zusammengebacken, mit Beton zu einem künstlichen Bett zusammengeklebt; doch so lang, bis der ausgehärtet ist, werden wir nicht bleiben dürfen. Bis wir Fels und unerbittlich geworden, dürfen wir nicht bleiben, denn wir belästigen einander schon, kaum daß wir uns kennengelernt haben, und müssen mühsam voneinander getrennt und dann einzeln aussortiert werden. Wir verhaken uns sonst noch ineinander, wir klammern uns aneinander und müssen einander wieder entrissen werden, kaum daß wir uns fanden. Ein

Schlafsaal in einem Einfamilienhaus, das ganze Einfamilienhaus ein einziger Schlafsaal, es müssen ja viele rein, und ein Speisesaal, da müssen auch viele rein. Wer hat von meinem Tellerchen gegessen, wer hat aus meinem Becherchen getrunken?, wer hat in meinem Bettchen geschlafen?, oft ein andrer, der sein Bett nicht gefunden, der nicht in sein Bett gefunden, ich finde dafür seins aber leider noch lange nicht. Im Schlafsaal dreißig Betten oder so, dicht an dicht, da kann man sich schon mal irren und zu einer fremden Dame legen, wenn man eh alles vergißt, alle Betten in einem Raum, nein, ich erinnere mich nicht, ich erinnere mich an überhaupt nichts, nicht einmal an mein Bett, wo war das noch gleich. Das kann einem ganz schön auf die Nerven gehen, alles zu vergessen, das muß dich ja fertiggemacht haben, dich: dieser auf einmal unfertige Mensch, der Papa, der sich nicht mehr kennt, aber immerhin noch weiß, daß er jemand kennen sollte, zwei Personen, Frau und Tochter, die werden Sie sich doch wohl noch merken können! So wenige Menschen werden Sie doch behalten können, nein, die können Sie nicht behalten!, doch auch wenn die Sie nicht behalten, Sie müssen sie sich halt immer wieder vorsagen, dann sagen sie Ihnen auch etwas nach, dann sehen sie Ihnen vielleicht etwas nach. Nein, ich sehe es ein, mein Herz, meine Frau, mein Kind, bitte retten Sie mich, so hab ich die Nachbarin angefleht, dermaßen angefleht, das gibts nicht, was hätte die denn machen können?: Bitte retten Sie mich, meine Frau, mein Kind wollen mich fortschicken, die wollen mich nicht mehr, sie wollen mich auf ihre breiten Flußrücken nehmen, noch breiter gemeinsam, wenn sie sich verbinden, ja, dieser Fluß hat einen breiten Rücken!, und mich forttragen, damit ich ganz gewiß nicht mehr wiederkomme, ich weiß ja nicht einmal, von wo ich aufgebrochen bin.

Schauen Sie, erkennen Sie das Bild? Na, ich erkenne es nicht, ich erkenne mich selbst nicht mehr in einem Bild, und ich erkenne Frau und Kind nicht mehr, habe auch keine Fotos von ihnen, hab vergessen, welche mitzunehmen, und hätte ich sie, würde ich sie darauf nicht mehr erkennen. Sie haben mich zuvor doch auch schon vergessen, ich zählte für sie nicht, schon lang nicht mehr. Ist das ein Grund, mich gleich fortzuschicken? Bloß, weil ich sie nicht mehr kenne? Wie soll ich sie denn kennen, wenn ich sie nicht mehr erkennen kann? Bitte nicht schlagen! Bitte, nicht schlagen, und wenn, dann nicht auf den Kopf! Ich brauche ihn zwar nicht mehr, aber ich hänge doch noch an ihm. Bitte, Frau, Tochter, mich nicht schlagen! Seht ihr meine schützenden Hände nicht, ja, die über meinem Kopf? Erkennt ihr mich so nicht mehr? Erkennt ihr nun euer Bild mit den erhobenen Armen, denn ihr müßtet euch doch wenigstens noch erkennen? Nicht schlagen, bitte nicht schlagen! Euer Bild als Fluß, alles im Fluß, alles Leben immer im Fluß, deswegen ist ja auf dem Bild nichts drauf, denn der Fluß ist zu still geworden, zu still für einen Film, aber das ist ja gar keiner, kein Film, meine ich, und dennoch bewegt er sich zu schnell, der Fluß, na, für ein Foto gehts noch. Einen Moment bitte! Ihr tragt mich also fort, ihr tragt mich fort, als wäre das natürlich, eben wie ein Fluß ganze Baumstämme trägt. Als würde die Natur selbst den Vater fortschicken, wenn er vergißt, wer er ist und wen er gezeugt hat. Fort mit dem Vater!, und schon haben wir den Vater zurückgelassen. Na, den haben wir endlich hinter uns! Wir klettern ans Ufer des Flusses, der wir selber sind, wir sind nicht mehr in Bewegung, und auch den Vater haben wir zur endgültigen, wenn auch noch nicht ewigen Ruhe gebracht. Zu lang haben wir ihn auf unseren Rücken mitgeschleppt, den Fremdling, der kein Mann und kein Vater mehr ist. Das weiß er selbst. Jetzt muß er raus, ans Ufer. Jetzt muß er ins Einfamilienhaus zu den anderen, die genausowenig von sich wissen wie er, die sich selbst unter den Sohlen brennen, aber trotzdem nicht mehr fort dürfen. Die treten da auf Eis und Schnee und denken, es ist ein warmer Teppich und sie brauchen keine Schuhe. Die Irren. Die Irren sollen weg, die Geistesschwachen auch gleich mit, diese Menschen ersten und zweiten Grades müssen weg, ja, diejenigen, die alles vergessen, ja, die auch, die ganz besonders, obwohl hier alle alles vergessen, doch die Vergeßlichen, die bleiben uns nicht in unserer Mitte, das geht nicht, die erinnern sich nicht an uns, wozu sie also behalten? Die merken gar nicht, wenn sie weg sind. Haben ja doch nichts begangen, daß wir Menschen sie sollten scheuen, aber das ist es ja! Sie wissen nicht, was sie begangen haben, sie kennen die alten Wege nicht mehr und finden keine neuen mehr. Haben sich an einem Stein gestoßen mit ihren gebundenen Füßen, den von ihrem Vater gebundenen Füßen, es ist ja immer ein Vater da, sogar der Vater hat immer einen Vater, an den er sich gebunden fühlt, weil der einem die Füße zusammengebunden hat. Wir sind ein Vieh, sowas macht man mit uns!, kein Wunder, daß sie sich daran stoßen, die Menschen, die sich gebunden haben, die gebunden wurden. Viele wollen ungebunden bleiben, manche sind jedoch bereits gebunden, damit man sie besser verkaufen kann. Damit sie nicht ungebührlich herumzappeln.

Ich glaubs nicht! Der hoppelt ja immer noch hinter uns her, der Vater!, eine kleine Weile noch, schneller gehts nicht bei ihm. Es ginge viel schneller, wenn wir ihn ließen, der rennt Ihnen davon, wenn Sie nicht aufpassen, der hat den Wandertrieb, aber seinen Trieben soll man nicht immer nachgeben, daher die Fußfessel, allerdings keine elektronische, so kompliziert ist der Papa auch wieder nicht. Das braucht der nicht. Aber der war doch immer ein tüchtiger Wanderer, der rennt Ihnen weg, wir warnen Sie, wir kennen ihn, sperren Sie nur immer gut ab vor und hinter ihm! Wir kommen! Wir eilen mit ihm zur Stadt hinaus, wir als Fluß, aber wir sind das nicht, wir eilen fort, was sollen wir machen, wenn er mit uns miteilen, uns noch etwas mitteilen will?, ein letztes Mal!, aber das sagt er ja immer, daß es das letzte Mal ist, und dann sagt er immer noch was und immer noch mehr! Wir jedenfalls eilen ohne Aufenthalt dahin, wir sind unterwegs, er ist unsre Beute, er ist nicht mehr unter uns, wir bringen ihn weg, den Vater, er kann nicht schnell gehen, doch ein Fluß hat sein eigenes Tempo, Papas Wanderfüße sind jetzt also zusammengebunden, aber so läßt er sich halt leichter transportieren, wir bohren einfach ein Loch durch seine Füße, und dort ziehen wir einen Strick durch und fertig, rein mit ihm ins Einfamilienhaus zu den andren Irren, die das Haus zum Quellen bringen wie Germteig, die Irren gehen auf, gleich werden sie abheben, die Irren, durchs Dach stoßen die Irren, die die Qualen aller Menschen zum

Quellen bringen, bis sich die Mauern ächzend nach außen wölben. Sogar die Mauern weinen schon. Es merkt keiner, es merkt sich keiner etwas, wie anders wird er dort empfangen werden in dieser Unbeständigkeit: ein Einfamilienhaus, erbaut für eine einzige Familie, jetzt Dutzende aufnehmend, Dutzende zusammenraffend unter dem Mantel, unter dem Deckmantel für irgendwas, so, ein Bett stellen wir hier noch hinein und eins noch dort, eins geht noch, und dann können wir schon wieder Miete und Nebengebühren für zwei weitere Personen verlangen, bis die Mauern unter dem Ansturm der Qualen quietschen und der Türstock ächzt, weil die Tür nicht mehr zugeht. Für dieses Einfamilienhaus bauen wir uns woanders ein ganzes Schloß, ein ganz neues, ist doch gut!, denn hier haben wir keinen Platz, die Abfälle von andren Familien verstopfen unser Haus, aber das macht nichts, wir bauen uns woanders ein schöneres, größeres, nur für uns allein, damit die Füße wissen, wohin zur Rast sie uns tragen sollen, immer woandershin, obwohl wir es gar nicht merken würden, wenn wir woanders wären, und wir wissen: Bei den Irren ist unser Zuhause nicht!, wir wollen ein andres Haus, das uns die Irren bezahlen werden, ein größeres, fern von ihnen, fern von den Geisteszerstörten, dort sind dann nur wir. In unseren blanken Fenstern werden dann, wenn das neue Haus, ganz allein für uns, fertig ist, für immer Lerch und Nachtigall singen. Die Nachtigallen werden endlich nicht mehr schlagen, sie werden für uns singen! Die Hunde werden nicht mehr anschlagen, sie werden über die Wiesen tollen! In diesem Haus, wo die Irren wohnen, kein Blühen, nur ein Rückwärtssehen, von den Irren, die sich hinsichtlich ihrer Zukunft vollkommen irren, denn sie haben keine, sie sehen nicht hin, da gibts nur noch ein Rückwärtssehen, weil sie nichts mehr haben, die Irren, man hat ihnen alles genommen, sie brauchen auch nichts, eine Straße müssen sie gehen, die noch keiner ging zurück, aber in die Irre kann man immer gehen, man muß nicht rückwärtsgehen, man kann gleich in die Irre gehen.

Wir Besitzer, Besitzer von Menschen, wir bösen Herbergsväter, denen jede Woche ein Verstorbener erscheint, den sie doch grade erst kennengelernt haben, wir schauen nur nach vorn, wir schauen nur dorthin, wo wir uns ein neues Haus bauen werden, nachdem wir das alte, kleine, mit Menschen vollkommen zugemüllt haben werden. Und dann bauen wir uns ein neues, dann bauen wir uns das nächste Haus. Wir schauen nur nach vorn. Wir haben jeden Grund dazu. Keine Ursache. Dort vorn, wohin wir schauen, blühen dann neue Bäume, und neue klare Rinnen werden hell rauschen, und Augen werden lebhaft glühen, nicht tot, nicht tot wie bei diesen Irren, bitte, was hätte man mit ihnen anfangen sollen? Wir sind die letzte Station vor dem Irrenhaus, da hält man es bei uns doch locker aus, wenn man es mit der Endstation vergleicht, mit dem nackten, kalten Schrecken, oder etwa nicht? Doch! Wenn man weiß, daß nur Schlimmeres nachkommt, noch mehr Entsetzen, lachende Träumer, die längst keinen Grund mehr zum Lachen haben, dann hält man es hier recht gut aus.

Es ist geschehn um dich, Gesell, und das weißt du recht gut, Papa Gesell auf der Wanderschaft, guter Gesell, es ist um dich geschehn, aber wir verstehn, daß du noch einmal möchtest rückwärts sehn, daß du möchtest zurück wieder wanken, vor unserem Hause stille stehn und schauen. Doch das Haus gehört jetzt uns allein. Deinen Frauen, deinem Verderben. Als könnten wir nicht weg von dir, können wir das doch sehr gut. Ach, deine Sonnen sind wir nicht! Das ist jetzt allein unser Haus, in dem wir nicht allein sein werden, wir haben ja einander, Mutter und Tochter. Vorm Haus von Frau und Tochter noch einmal, ein letztes Mal stillestehn, ja, auch hineingehn, von uns aus auch hineingehn, du wirst ohnedies nichts mehr erkennen, das ist der Keller, der ist nicht mehr deine Wohnung, hier sind wir, dort oben der Dachboden, wo die Tochter über dich weint oder über sich, das weiß sie nicht genau, aber sie tut nichts, sie tut nichts, sie heult nur, du hörst sie nicht, sie versteckt sich, versteckt sich vor allem und jedem, alles muß wieder mal die Mama tun, schon recht, die ist das gewohnt, die macht ja alles und immer, die Mama. Die Tochter schaut andren nicht ins Angesicht! Der Papa möchte zurück jetzt wanken, ist vor unserem Hause lang genug stillegestanden, jetzt gehts ab, jetzt gehts weiter ins irre Haus, wo irre Hunde heulen in der Nacht, vor keines Menschen Haus würden sie lauter heulen als hier, und dort, wo gar kein Haus mehr ist, heulen sie am lautesten.

Der Irrsinn, ist er einmal auf ein Haupt gestreut, nistet sich ein, der kennt kein Hindernis, der gräbt sich ein, der gräbt um jedes Hindernis herum, der Bankert Irrsinn, den keiner anerkennen will, der bunkert sich ein, den kriegen Sie nie mehr raus aus dem Haus, höchstens in ein andres Haus, der ist wie ein Fleck, der nicht mehr geht weg, mit keinem Mittel, gegen den Irrsinn kommt nichts an, denn im Irrsinn kommt man ja selber nie dort an, wo man sein möchte, man ist immer über sich hinaus, nein, nicht hoch hinaus, einfach hinaus, oder man läuft hinter sich her oder hinter etwas anderem, das man kennt, sonst aber keiner, hinter etwas, das keiner sieht und keiner kennt, egal, was soll man dort länger weilen?, was soll man woanders Langeweile haben, wenn man doch hier in Ruhe irre und lustig, ich meine irre lustig sein kann? Den taut niemand mehr weg, den Irrsinn, der bleibt, der bleibt sitzen, den taut keiner mehr weg, dieser Mann bleibt ein Greis, und seine Frau, seine Tochter sind für ihn gestorben, nein, nicht für ihn, doch, für ihn gestorben. Die sind ab jetzt für mich gestorben. Oh. Da ist ein Baum. Sieh einer an! Bitte, sieht ihn denn keiner an? Ob es wohl unter seiner Rinde auch so reißend schwillt, daß er seine Krone abwerfen muß, weil ihm zu heiß geworden ist unter der Krone, der arme Baum, der fächelt sich zu, kann seine Blätter abwerfen wie wir unseren Vater, aber er macht nicht soviel Trara darum, er wirft sie ab, die Krone, die ihm das Liebste ist, denn nur durch sie ist er als Baum von weither kenntlich bis nach weithin.

So, jetzt ist aber schon Winter, und wir werfen den Papa einfach ab, wir werfen ihn hier einfach ab, der uns nie das Liebste war, nie das liebe Liebste. Im Dunkel wird ihm wohler sein. Der hatte ein langes Leben, wie schön für ihn, und jetzt lebt er immer noch, kaum zu glauben, so hätte er nicht leben wollen, wir wissen genau, daß er so nicht hätte leben wollen, doch er lebt immer noch, aber nicht sehr, nicht bei uns, nicht hier bei uns, sondern in einem irren Haus, wo irre Hunde heulen, aber es sind nicht Menschen, denen das Haus gehört. Laß sie heulen, laßt lieber die Menschen heulen, ihr Hunde, die können das besser! Es bellen die Hunde, es rasseln die Ketten, es schlafen die Menschen in ihren Betten, dieser Mensch hier zum Beispiel in einem von dreißig Betten in einem Einfamilienhaus, doch bald darf er fort, bald werfen wir ihn fort, bald werfen wir ihn hinaus, bald wird man in Gittern ihn betten, im Gitterbett ihn vor sich selber retten, aber er tut sich doch nichts, er wird sich doch nichts antun? Wie denn? Wie soll er sich denn hier was antun, gefesselt im Gitterbett? Kein Wandern mehr, kein buntes Blatt an den Bäumen mehr zu sehn, das war früher doch so schön, oft blieb er in Gedanken stehn, um noch ein zweites Blatt zu sehn, kein Wandern mehr, keine Hoffnung mehr, ans Blatt gehängt, der Wind spielt damit, der verspielte Wind, für ihn kein Wind mehr, für den Papa kein frischer Wind mehr, der ihm durchs Haar spült. Muß komisch sein, wenn zwei Frauen einen forttragen, als wären sie Wasser und man selber gar nichts, kein Gewicht, nicht einmal eine Last, nicht einmal ein Zweiglein, so leicht und ruhig, ein Fluß, der so lustig rauschte, ein heller, wilder Fluß, aber jetzt rauscht er gar nicht mehr, vielleicht fließt er jetzt woanders, egal, er verhält sich still, damit der Papa nicht merkt, daß er fortgetragen wird, mein Herz, in diesem Bache erkennst du nun dein Bild?, nein, leider erkenne ich gar nichts mehr, nicht einmal mich selbst, nun, da es zu spät ist und wir dich forttragen, da kanns unter deiner Rinde noch so reißend schwellen von Säften, wir sind ein ruhiger Fluß und nehmen dich mit, aber nicht zu uns, von uns fort, wir tragen dich von uns fort, so trägt ein ordentlicher Fluß!, immer nur fort und bleibt dabei doch er selbst. Was er trägt, bleibt nicht. Wir Frauen werden mit dir schon noch fertig, der Fluß wird nie mit sich fertig, der rauscht wild und hell, der rauscht so lustig, weil sein Leben ja endlos ist, es geht immer weiter, der hört nicht auf mit seinem Rauschen, wirst mit uns die Stadt durchziehen, muntre Straßen ein und aus, doch du nimmst die Wasserstraße, in Ordnung, dort hört man keinen Verkehr mehr, nur noch ein Rauschen, ein Rauschen, dieser Fluß fühlt keine Tränen glühen, nur noch dieses Rauschen in den Ohren, das Rauschen von dem, der ihn trägt, der den Vater trägt, unser Rauschen, das den Vater davonträgt.

Papa! Papa, Papa! Man kann gar nicht sehen, daß wir es sind, daß wir Frauen es sind, die den Vater davontragen, aber man fühlt, als Vater fühlt man einfach, man wird fortgetragen, und irgendwie sind wir zwei Frauen halt immer dabei, nein, nicht immer, das Wasser wirft seine Last ab, das Wasser schüttelt sich wie ein Tier, die Tropfen fliegen, siehst du, Papa, die Frau und die Tochter, wir beide sind immer dabei, sind eine kleine Weile dabei, und dann sind wir nicht mehr dabei, tragen fort fort, dorthin, wo du nicht sein willst. Du willst bleiben wie das Ungeborene, das keine Wahl hat, wir verstehen es, wir verstehen es ja, man will doch bleiben, bitte helfen Sie mir, sagst du zu einer beinahe völlig Fremden, ich will bleiben, ich will bleiben, sagst du zu jemandem, den wir aus der Nachbarschaft kennen, doch sie tragen mich fort, tragen ihren Papa auf dem rauschenden Rücken mit drohend rauschenden Röcken fort. Was bleibt mir übrig? Mal schauen, was übrigbleibt. Hier ist etwas. Gut. Ich hänge meine Hoffnung an dieses Blatt, doch mit dem will schon der Wind spielen, den man fühlt, den man an seinen Auswirkungen fühlt, das Blatt ist bewegt, das Blatt hat sich rühren lassen. Das Wasser kann man immerhin sehen, den Wind nur an seiner Wirkung als Wind, der Wirkung aufs Blatt in meiner Hand. Und fällt das Blatt zu Boden, fällt mit ihm die Hoffnung ab. Fall ich selber mit zu Boden, wein auf meiner Hoffnung Grab. Sie lassen mich nicht bleiben. Sie lassen mich immer nicht bleiben und noch immer nicht. Sie führen mich erst zu einem Einfamilienhaus, mich zu betten, dann zu dem Bett im irren Haus, wo die Hunde heulen, bellt mich nur fort, ihr wachen Hunde, es ist aber gar nicht nötig, ich bin ja schon fort, laßt mich nicht ruhn in der Schlummerstunde, in der schlimmen Stunde, in einem irren Haus, wo sie mich hingebracht haben, weil ich mich an sie nicht mehr erinnere, an nichts mehr erinnere, auch wenn ihr bellt, Hunde, ich erinnere mich doch nicht mehr, woher ich bin, weiß nur, ich komme von woanders her, vom Gebirge? Komm ich vom Gebirge her? Ich sagte schon: diesmal nicht, ich wäre sonst viel mehr außer Atem. Soviel weiß ich immerhin. Sonst keine Ahnung. Ich bin am Ende mit allen Träumen, was will ich unter den Schläfern säumen? Zu viele Schläfer in diesem Raum, das bin ich nicht gewöhnt, dem Himmel mag sein Kleid zerreißen, die Wolkenfetzen mögen flattern, rote Flammen mögen ziehn dahin, ich sehe das alles gar nicht, und würde ich es sehen, verstünde ich es nicht, ich verstünde nicht, was ich sehe, denn ich kann es mit nichts in meinem Gedächtnis vergleichen. Daher existiert es auch nicht. Das macht das Leben einfacher, so recht nach meinem Sinn! Ich erkenne nichts. Ich sehe keinen Himmel mehr, nur noch mein Herz, mein Herz sieht den Himmel, bitte, es sah einst Frau und Tochter, von Herzen gern sah mein Herz diese beiden Angehörigen, die mir gehörten, Frau und Tochter, jetzt sieht es nur noch den vergitterten Himmel durchs Fenster eines irren Hauses, und ich?, ich sehe dort gemalt ein Bild, weiß nicht von wem, weiß nicht, von wem gemalt und wer das ist, wer ist dieses Bild, wer ist auf dem Bild drauf bitte, wer ist hier überhaupt noch im Bilde? Es ist bildschön. Doch es ist nichts. Ein Trugbild. Eine Luftspiegelung. Kein Licht, das freundlich vor mir hertanzt.

Es ist nichts als der Winter, den sie mir bereitet haben, obwohl der doch ohnedies von selber kommt, jedes Jahr von neuem kommt, es ist nichts als der Winter, der Winter kalt und wild! Vorbei die Zeichen, die ich noch kannte, doch ich erinnere mich nicht, vorbei die Zeichen, die Wegmarken, Flursteine, die Signale der Straßenampeln, die Lichter, die Fahnen an den Häusern, einmal die, einmal jene, kräftige Signale für einen, der sie zu lesen versteht, sind eh nur drei Farben, ich verstehe nichts mehr, erinnere mich nicht mehr, bin fort aus mir und nun auch fortgebracht worden von Frau und Tochter. Bitte. Bitte, wenns denn sein muß. Bin schon weg. Bin fort, bin auf dem Weg, weiß aber nicht, auf welchem. Dieses Zeigen der Wegmarken, der Bäume, der Berggipfel, die ich alle einmal persönlich gekannt habe, diese Zeichen, die vor mir aufzeigen und an denen ich mich eine kleine Weile orientieren konnte, doch jetzt sind sie plötzlich fort, ich würde sie sowieso nicht mehr kennen und auch nicht wissen, worauf sie verweisen und wohin sie mich verweisen. Das ist es. Ich bin verwiesen worden, wie jedes dieser Zeichen ein Verweisen ist, die Zeichen haben mir etwas zugewiesen, was ich jetzt nicht mehr erkennen würde, diese Zeichen, die haben nur einen Zweck: zu zeigen. Aber was zeigen sie einem, der nichts hat, an dem er sie erkennen könnte? Frau und Tochter können mir gezeigt werden, und schon können sie mir gestohlen bleiben, sie werden mir gezeigt, als Zeichen, die ich nicht mehr lesen kann. Wer wird mir da gezeigt? Wer ist das auf dem Foto? Frau und Kind? Ich kenne doch meine Puppenheimer! Aber auf dem Foto erkenne ich sie nicht. Als Zeichen, von denen ich verwiesen werde, erkenne ich sie schon noch, ich höre ihre Glasaugen in den leeren Köpfen klappern, aber als Frau und Kind erkenne ich sie nicht, ich verstehe all diese Zeichen nicht. Zeichen sind Totes, die auf Lebendes verweisen, doch man greift mir unter die Arme, wenn nötig, um mich fortzubringen, man sieht nicht, daß da eine liebe Seele drinsteckt, das ist Ihr Pech, wenn Sie die nicht sehen! Weiser stehen auf den Gängen, den Korridoren, dort ist überall was angeschrieben, und versteht man es, ist man gut angeschrieben hier. Doch ich verstehe sie nicht, ich werde des Raums verwiesen, des Hauses, des Orts, ich erkenne nichts mehr, das waren doch einmal Zeichen, Wegmarken, Gipfelkreuze, Ampeln, Gebäude, Zeichen waren das doch alle, oder? Die hätte ich doch nur lesen müssen! Aber ich bin daraus verwiesen worden, aus dem Reich verwiesen, wo die Zeichen standen, sogar aus meinem eigenen Sterben verwiesen worden, aus dem Ende, das ich fast schon erreicht hatte, wieder verwiesen worden, denn das Ende ist nicht erreichbar, trotz der Weiser, die drauf zuführen, die aber nur der Weise versteht, bitte um Entschuldigung. Keine Zeichen mehr, keine Stichhaltigkeit für meine Existenz. Die Zeichen haben immer auf etwas anderes in meiner Wildnis verwiesen, kaum, daß ich mich an das gewöhnt hatte, was war, doch ich war immer grade an etwas anderem interessiert, und so hab ich nicht richtig hingeschaut, ohne Ruh war ich, leicht ablenkbar, ich zog mich hin, ich zog dahin, ruhelos, das Meine kannte ich ja, die Meinen kannte ich auch, aber ich verstand nicht mehr, was sie meinten, ich kannte sie wohl doch nicht so gut, wie ich dachte. Ich konnte sie lesen, die Zeichen, und solang ich sie lesen konnte, wurde ich geduldet. Solang ich geduldig war, wurde ich geduldet. Jetzt bin ich aus mir selbst verwiesen worden, ich bin weggewiesen worden. Der Grund für meinen Verweis war nicht stichhaltig, einen Grund für mein Verweilen gab es auch nicht, aber den Stich hab trotzdem ich abgekriegt. Kein Licht tanzt freundlich vor mir her, ich kann ihm nicht nachfolgen, denn im nächsten Moment habe ich es schon wieder vergessen, oder ist es einfach nur fort?, hab ich es gar nicht vergessen, und es ist fort?, ich sehe es gar nicht mehr, ja, die Weiser auch, sind auch fort, wer versteht denn die?, kein Licht mehr, das verlockt den Wandersmann, den Wandersmann, der ich einst war, ach, wer wie ich so kalt und elend ist, gäb sich gern der bunten List des Lichts hin, das aus keiner Ampel kommt und niemand überlisten könnte, egal, von wo es kommt, doch hier ist alles weiß. Weiser im Weiß, die braucht man schon, alles ist weiß, aber ich verstehe sie nicht, die Weiser. Hier ist der Tod, nein, nicht der weiße Tod, das wäre zwar logisch, aber so weiß ist es hier auch wieder nicht. Der Tod ist weiß, aber nicht so sehr, nicht rein weiß, sonst wär er eine Lawine, hart wie Beton, unerbittlich wie die flatternden Wolkenfetzen, die machen auch, was sie wollen und was der Wind von ihnen will. Egal.

Was wollte ich sagen? Nichts mehr weist auf ein helles, warmes Haus hin, wo ich einmal war mit Frau und Kind, nichts mehr weist hin, alles weist aus. Alles, was ich sehe, weist mich aus. Ein Stück Papier könnte das im Grunde auch erledigen, das Ausweisen, aber alles andre weist mich auch aus. Es wurde nicht gefragt, ich wurde auch nicht gefragt, aber ich wurde ausgewiesen. Ich weiß auch, von wem. Doch es nützt mir nichts. Keine liebe Seele hier drin, nur Täuschung ist für mich Gewinn. Täuschung, daß ich wär zu Haus. Bin ich aber nicht. Nicht hier. Täuschung. Wie vermeid ich denn die Wege, wo die andern Wandrer gehn? Aber ich will sie doch gar nicht vermeiden, ich suche sie doch, ich suche sie dringend! Diese blöden Weiser sind vollkommen unleserlich beschriftet, und jetzt sind sie auf einmal ganz weg. Daher werde ich es Ihnen jetzt sagen, schauen Sie mich an, schauen Sie nicht auf die Weiser, die sind eh weg, schauen Sie auf mich: Ich würde so gern auf diesen Wegen gehen, bin tausendmal entlanggegangen diese Wege zu einem schönen Ziel, suchte mir versteckte Stege durch verschneite Felsenhöhn, bin gegangen, gewandert, immer gegangen, jeden Tag gewandert, immer weiter gewandert, um doch wieder zurückzukehren ins Haus, ins warme, helle Haus zu Frau und Tochter. Jetzt nicht mehr.

Habe ja doch nichts begangen, daß ich Menschen muß jetzt scheun. Weiser stehen auf den Straßen, weisen auf die Städte zu, sie verweisen mich des Orts, mir weisen sie nichts, sie verweisen mich bloß, wie alle Zeichen, verweisen mich, ich seh sie gar nicht mehr, doch sie weisen mich weg, kein Haus mehr zum Zurückkommen, kein Haus bietet Rückkehr, kein Haus bietet den Service der Heimholung an, nur die Fortholung. Das ist endgültig. Mein Ende ist gültig. Ich wandre ohne Ruh und suche Ruh. Aber diese Ruh, diese Ruh, dieses Weiße, diesen Tod hab ich nie gesucht und nicht verdient. Jetzt hab ich Ruh, doch ich will sie gar nicht. Einen letzten Weiser seh ich noch stehen, unverrückt vor meinem Blick, eine Straße muß ich gehen, die noch keiner ging zurück. Das ist auch nicht angedacht von Frau und Kind, daß ich je kehre zurück. Dieser Weiser hat mich verwiesen, diesen letzten Weiser konnte ich nicht ignorieren, er verweist mich, er hat mich schon verwiesen, vor dem Haus eine, nein, zwei Personen, die mir das Wandern ab sofort verbieten, ich verstehe nicht, warum, sie fanden mein Wandern sonder Maßen, ohne Ruh, wie kann sie das gestört haben, es fand doch anderswo statt! So, jetzt geben sie mir endlich Ruh. Ich füge mich. Ich füge mich ein. Eine Straße muß ich gehen, die noch keiner ging zurück. Ich füge mich jetzt. Ich sehe es ein. Jetzt findest du Ruh, endlich!, und wir finden sie auch, sagen sie mir, sagen mir Frau und Tochter, Ruh in einem irren Haus. Ich muß es wohl glauben. Ich füge mich ein, verstehe nur nicht, wo hinein. Wo wollen sie mich haben?, das müssen sie mir doch bitte einmal sagen! Sie sagen mir nichts. Oder ich habs vergessen. Ich füge mich ein, aber sie sagen mir nicht, wo sie mich haben wollen, sie sagen nur, daß sie mich woanders haben wollen, von wo mein Weg mich nur noch auf den Totenacker bringen wird. Den hab ich mit Sicherheit nicht gesucht, aber ich werde ihn trotzdem finden, mein Weg wird mich dorthin bringen, auch ohne daß ich den Weiser sehe, weiß ich, wohin ich muß, ich weiß nicht, kann den Weiser jetzt nicht lesen, das macht aber nichts, ich sehe ihn nicht mehr, aber ich weiß, der Weiser weist mich dorthin, und dorthin wird mich auch mein Weg bringen, wo immer das ist. Das Ende ist nicht zu erreichen, aber ich muß trotzdem hin. Endlich kann ich einkehren, endlich kann ich dort einkehren, denk ich noch. Ich füge mich. Ich füge mich endlich ein. Hörst du die Hunde? Einen lieben Hund haben wir damals auch gehabt. Und wohin haben mich die Weiser verwiesen? Fortsetzung folgt. Keine Fortsetzung folgt. Endstation.

Sind denn in diesem Hause die Kammern all besetzt? Bin matt zum Niedersinken, bin tödlich schwer verletzt. Ja, alles besetzt. Sehen Sie das denn nicht, hier steht es doch: besetzt. Ich geh weiter, doch der nächste Weiser ist entweder umgedreht oder ganz fort, der weist auf nichts mehr zu, ich würde es sowieso nicht finden. Weiß nicht, woher und wohin, und schließlich auch mein Gehen gestoppt. Mein Gehen mir unter den Füßen weggezogen, das ist nicht nett. Frau und Tochter haben mir mein Gehen weggenommen, die waren das!, ich habs doch gesehn!, aber vorher haben sie mir die Wegweiser alle absichtlich umgedreht, das haben sie absichtlich gemacht, ich kann es nur nicht beweisen, und es war auch keineswegs so gedacht, daß ich, wenn die Weiser alle umgedreht sind und ich endlich umkehren darf, wieder zu ihnen zurück kann. Daß ich nach Hause darf. Ich soll gar nichts mehr dürfen, nicht mehr gehen, nichts mehr wollen, nicht mehr wandern, nichts mehr sehen, nur das Weiß des irren Hauses. Endstation. Alles aussteigen. Und alles steigt aus. Da denkt man, dieser Weiser ist unverrückbar, und das nächste Mal wird der Verrückte schon wieder wissen wollen, wohin es mit ihm geht. Doch der Weiser ist es, der verrückt ist, und jetzt weiß der Verrückte überhaupt nichts mehr, weil ja auch sein Weiser verrückt ist und nicht mehr so weise, wie er sein sollte. Könnt wohl ein Zeichen sein, doch welches und wofür? Frau und Tochter haben ihn weggerückt, nur ein Stück, und schon hab ich mich nicht mehr zurechtgefunden und nicht mehr zurückgefunden, ja, ich wars, den sie verrückt haben, nicht den Weiser, mich selbst haben sie verrückt!, den Verrückten nur ein Stück verrückt, und er ist jetzt dort, wo keiner je ging zurück. Ich bin dort, aber ich weiß nicht mehr, wer ist Ich? Welches Ich? Ich verbinde nichts mehr damit, auch nicht meine vom Wandern wunden Füße, meine übers Leben verwunderten Füße, meine vom Gehen abgegangenen Füße, ich verbinde nichts mehr mit nichts. Mit diesem Weg verbinde ich nichts mehr. Ich kann keinen Verbund mehr herstellen, keine Verbindung, keinen Verband mehr wickeln, kann nichts mehr. Sind denn in diesem Hause die Kammern all besetzt? Das hab ich doch schon einmal gefragt! Keine Antwort. Schon beim ersten Mal nicht. Bin matt zum Niedersinken, das hab ich doch auch schon mal gesagt, Entschuldigung, ich sage alles immer mehrmals, wirklich alles!, Sie werden das schon gemerkt haben, wirklich alles, alles wiederholt, weil ich sofort vergesse, was ich gesagt oder gefragt habe, und ja, ich sehe, die Kammern sind alle besetzt, aber irgendwie und irgendwo werden sie mich schon noch hineinquetschen. Ich bin ohne Ruh, aber sie werden mich schon noch zur Ruhe bringen. Bitte beachten Sie, daß sich Ihr Nachbar vielleicht schon zur Ruhe begeben hat! Das haben sie früher immer im Fernsehn gesagt, vor vielen vielen Jahren. Jetzt erst haben sie es erreicht. Ich habe mich zur Ruhe begeben. Gute Nacht. Das kühle Wirtshaus, in das ich eingeladen wurde, kann jetzt schließen. Es muß mich nicht mehr abweisen. Kann weiter nicht, nicht weiter. Kann nicht. Kann nicht. Aus.

ACHT

Das Meer so lang nicht mehr gesehen, aber jetzt könnte ich es gewinnen, in der Tombola könnte ich vielleicht das Meer gewinnen, müßte dafür aber selbst mindestens ein Strom sein. Sonst komm ich dort nicht hin. Doch kein Strom tritt still zur Tür herein. Ein Strom kann ich nicht sein, ein Kabel kann ich auch nicht sein, also dieses nicht, aus diesem Kabel kommt Musik, sehr laute, sehr gute Musik, auch gut, gewinnen kann man hier aber nichts. Ich muß das alles jetzt so stehenlassen, denn wenn ich es fortjage, kommt womöglich Schlimmeres nach. Es kommt nichts heraus, es tritt jemand herein. Ich kenne ihn nicht. Wäre ich ein Kabel, ich könnte mir selbst leuchten, könnte selber tönen, könnte etwas beschallen, das nichts von mir hören will, könnte gemeinsam mit mir auch wieder bescheiden sein, wenn ich das möchte, sogar doppelt bescheiden, ich und ich, mein Leiden könnte mit mir glatt sein Grab gewinnen, aber glatt wird das alles nicht gehen. Ich könnte in meinem Land alles gewinnen, vom Abfahrtslauf bis zum Kunstfahren auf einem Brett, ich weiß jetzt nicht, wie das heißt, wie dieser Sport heißt. Snowboarderliner zu sein, das wär was, muß nachschauen, wie das geht, es ist der Sport der Jugend, kein andrer als ein Junger, aus dem noch Gräser sprossen wollen, kann und darf ihn ausführen. Damit könnte ich hier vielleicht gewinnend werden, doch ich bin zu alt. Das Land könnte mich lieben, doch ich bin zu alt. Nicht zu alt für Sport im allgemeinen, aber zu alt für Sport, bei dem man jung sein muß. Nun merk ich erst, wie müd ich bin. Das ist alles vorbei, es ist die ganze Zeit an mir vorbeigegangen, und ich habe es gar nicht gemerkt. Kann nur noch, nach kurzem Scheidegruß, ein wenig spazierengehen. Das Enthüllen des Unsichtbaren interessiert bei mir keinen mehr. Mein Leben ist vorbei wie für so viele, für jeden, nur nicht grad jetzt, bitte nicht jetzt, erst morgen, besser übermorgen!, das ist sehr banal, es ist für alle banal, aber für mich nicht. Nur bin ich leider nicht mein eigener Zeitnehmer, ein andrer nimmt mir meine Zeit, Hilfe! Warum gerade ich? Sie würden ja auch nicht gerne hören, daß Ihr Leben banal ist, Ihre Füße würden mich fragend anblicken, ist das auch wirklich wahr, daß wir jetzt nicht mehr weiterdürfen, daß wir stehenbleiben müssen? Wir würden noch so gern, würden noch gern gehen, aber wir dürfen nicht mehr, der Körper sagt: Halt!, wenn Sie so weiterwandern, dann wird der Jugend noch vor Ihnen grauen und Ihnen dann selbst auch! Denn Sie werden sämtliche Gelenke Ihres Körpers durch künstliche ersetzen müssen. Aber damit ist es nicht getan. Allein fürs Gehen wären Sie jetzt schon dankbar, was? Dieser Körper hat sich ein Bein gestellt, schauen Sie mich doch an!, ich brauch jetzt ein Gestell zum Gehen! Ein Greis zu sein, das hat ihn nicht sehr gefreut, meinen Körper, die Jugend hatte es noch so weit bis dahin, jetzt ist sie nahe, morgen nicht mehr, und das will sie auch wieder nicht, nahe der Bahre sein. Sie hat es sich gewünscht, ein Greis zu sein, jetzt wünscht sie sich das nicht mehr. Es geht mit uns nicht mehr weiter, dabei könnten wir noch, wenn wir doch könnten, wie wir wollten!, auf unwirtbaren Wegen würden wir leicht dahingehen, zum Wirten würden wir gehen, auf die Berge, durch die Stürme, der

Rücken würde keine Last fühlen, es ginge überallhin mit uns, nur nicht stillestehen, es muß doch weitergehen, es muß ja auch beim Sport, der oft in einem und von einem Menschen, oft sogar von sehr vielen Menschen, die dabei zusehn, verkörpert wird, immer weitergehen, denn Verstand und Anschauung sind aufeinander angewiesen. Versagt die Anschauung der Welt, weil man nicht weitergehen kann, versagt auch der Verstand, der sich die Welt sowieso schon lang nicht mehr erklären kann. Füße, was sagt ihr?, ihr fragt nach Rast? Aber ihr rastet doch schon so lang. Ihr seid eingerostet, kommt mir vor. Ende für euch. Körper wird noch ein wenig weitermachen, aber für euch ist Endstation. Wer fragt nach einem Herzen? Mein Herz, bist du es, das mich fragt? Wer fragt mich sonst? Fragst du, tust wild und verwegen, na, du traust dich was! Vom Begehren bleibt nur das Aufbegehren gegen alles und jedes, doch keiner hört zu. Der Horizont der Zeit erhebt sich schon murrend, widerwillig, er will noch nicht aufstehen, aber er muß eine Kulisse herstellen, einen Rundhorizont, mein Verstand muß sich mit jemandem einigen, da ist schon, womit er sich einigen muß, es ist vollkommen beliebig. Je weiter man kommt, desto mehr sieht man. Der Verstand muß sich mit der reinen Anschauung jetzt einigen. Wirds bald? Geht endlich was weiter? Das ist mir zu schwer, und nicht nur mir. Ich kann nichts mehr anschauen, ich kann mich ja auch nicht bewegen. Das ist hart in einem Land, in dem Bewegung alles gilt, in dem sich immer alles bewegt hat, in dem sogar eine Bewegung sich bewegt hat, immer nur vorwärts, mich hat sie nicht mitgenommen. Bewegung ist wichtig, aber eine Bewegung ist noch viel wichtiger. Die läßt sich von keinem aufhalten. Die Bewegung war auf einmal da, keiner sah, wer sich bewegt hat, dann war sie auf einmal fort, jetzt ist sie wieder da. Sie wirft sich auf den Rücken wie ein verspieltes Tier, sie bietet uns das männliche Geschlecht, schauen wir mal, ob es wirklich männlich ist, ob sich da ein wilder Wurm regt, um einen heißen Stich zu machen? Ja, das ist ein männliches Geschlecht, das sich da regt, kein Zweifel. Es zählt. Es zählt sich doppelt mit. Diese Bewegung ist eine männliche Bewegung. Ich weiß nur nicht, was wir mit ihr machen sollen, da doch jeder etwas mit ihr machen will. Nur mit ihr will sich jeder etwas anfangen. Sie drängen sich zu der Bewegung. Dort vorn ist schon eine Schlange. Ach, könnte ich doch weg von mir, bevor sich die Bewegung in meine Richtung bewegt, aber es ist so schwer. Die Sonne scheint, aber es ist trotzdem schwer. Meine Sonne ist das nicht, meine Sonnen seid ihr nicht, auch wenn ihr euch bewegt, wenn ihr einen Schulterschluß macht, ich bin es ja, die sich bewegen muß! Eine seltsame Spiegelung entsteht, als wäre ich eine von dreien, eine von mehreren jedenfalls, dazu ist die Bewegung ja da, daß es viele Teilhaber gibt, aber da müßten, wenn es so wäre, mir mindestens zwei vorausgegangen sein, vor die Tür, einer in des anderen Faust hinein. Ich lausche ihnen hinterher, schau nach, wo sie sich versteckt haben könnten, höre nur ein Klatschen, das nicht mir gilt. Sie schnallen sich was an, sie klopfen bei der Natur an, ob sie hineindürfen, so höflich sind die doch sonst nicht. Es gehört ja alles ihnen. Es gehört den Lebenden. Es gehört dieser Bewegung, die lebt, es ist eine lebendige Bewegung! Es gehört den Lebenden alles. Sie schnallen sich was an, und dann gehts hinunter. Nun sind sie hinab. Sie sind abgefahren. Auf die Abfahrer fahren hier viele ab. Ja, auf die Bewegung auch, sie wollen sich alle bewegen, da kann man nichts machen. Auf mich fährt keiner ab. Wer möchte schon tot sein? Ich kenne keinen, außer jenen, die das unbedingt wollen: sich auf ihren Tod freuen. Das ist eine der wenigen Ausnahmen der Bewegung: der Tod. Ich freue mich auf meinen Tod: Das kann ich von mir nicht behaupten. Ich muß zwar hinterdrein, dem Tod hinterdrein, hinterzwein, die andren maulen und schimpfen immer, es schimpfen immer die, die irgendwas nicht dürfen, aber ich muß hinterdrein. Hinter dem Tod her, vielleicht hol ich ihn noch ein. Mir gehört nichts. Ich bin eine Frau, ich bin nichts, und mir gehört nichts. Ich gehör nur mir? Lächerlich! Das wäre ja schon eine zuviel!

Ich muß abschnallen, sehe nur noch die weiße Wolke im Kielwasser der Abfahrer. Ich bin nicht dabei. Ich bin nicht. Keiner sieht mich. Sie schauen auf die Sonne und stellen sich neben sie, so ist wenigstens die Sonne zu mehreren. Ich bleibe im Schatten, schaue in meine Kindheit hinaus, aus meiner Kindheit wieder herein, sehe aber nur diesen stiebenden Schnee von den Abfahrern, aus dem Auspuff der Abfahrer. Schau auf die andren Sonnen. Siehst du was? Sehe nur Dunkel, tut mir leid. Hoffentlich sehen Sie etwas mehr, hoffentlich sehen Sie überhaupt etwas! Auf die andern beiden Sonnen schauen vielleicht andre, einer muß ja auch auf die schauen, hier, ich sehe sie! Ich seh sie schon! Jetzt sind die heutigen Stars angekommen, wir filmen ihre Ankunft, wir holen sie vom Hubschrauber heim und führen sie zur Eis- und Schneebühne, von wo aus es gleich ohrenbetäubend laut ins Dunkel hineintoben wird. Sogar die Abfahrer sind vergessen, das schwören wir Ihnen! Wenn dieser Sänger singt, sind sogar die Abfahrer vergessen, denn auf den fahren wir echt total ab. Fahren Sie auch auf diesen oder jenen ab, fahren Sie auf diesen Star ab oder auf den dort drüben? Ja, auf die fahren wir alle ab.

Also das hätt ich mir nicht träumen lassen: Die Abgeschiedenen tauchen wieder auf, und Sie können dabei sein, auch Sie könnten gut dabei sein, Sie könnten gut unterwegs sein, ja, seien Sie dabei! Die Blumen blühen wieder, ein Traum, sage ich Ihnen! Ich habe da Blumen gesehen und grüne Wiesen, diese Gegend, ich sage Ihnen: ein Traum! Einer träumt vom andern, die einen träumen besser. Die Scheiben bäumen sich auf, ja, die Glasscheiben, die meine ich, Sie haben recht gehört, und werfen die Blumen ab. Etwas schmilzt. Aber hallo! Dort unter der Brücke, dort wird eine Tote ihren Schmerz endlich abschütteln, nur als Tote kann sie das. Im Leben hat sich ihr diese Fuge nicht aufgetan, sie war vielleicht zu fügsam, nein, nicht die Fuge, aber da hat sich etwas getrennt, ich sehe: Etwas ist gerissen – Schmerz, du großer Unterschied zu den Verschiedenen, die ja überhaupt nichts mehr spüren! Dieses weinende Tier hat einmal üppige Weiden gesehen, diese armen Tiere!, die müssen alle in ihrem Bewußtsein haben, daß es einst etwas Schönes für sie gegeben hat, bevor ihnen der Schußapparat angesetzt wird, der Bolzenschießer. Sie haben das irgendwo gespeichert, daß es etwas Schönes gibt, das Tier, mein Liebling, überhaupt mein einziger Liebling, mein Liebes, mein Alles, nur das Tier kann ich liebhaben, wer bin ich denn, von einer andren Lieb, einer Lieb um Liebe auch nur zu träumen? Das liegt doch weit außerhalb meiner Reichweite, Küsse und Seligkeit liegen weit außerhalb meines Verstandes, weit außerhalb von dem Punkt, wo alles, was ich mir vorstellen könnte, sich in einer einzigen Möglichkeit auflöst, die sich nie erfüllt. Denn Möglichkeiten müßten ja ermöglicht werden können. Das muß doch möglich sein! Na, meine nicht. Meine nicht. Ich habe keine Möglichkeiten mehr. Sie waren in mir gesammelt wie ein Einkauf in seinem Sack, doch schon der Reklameaufdruck ist interessanter als ich selbst. Aber irgendwie, ich weiß nicht, sind sie davongeronnen, eingebildete Gebilde, Gebilde, die ich mir nur eingebildet habe?, die kann es so doch nicht wirklich gegeben haben, oder? Oder Gebilde, die selbst zu eingebildet waren, um bei mir zu bleiben, selbst die? Das wunderschöne Tier, so einfältig sein Schmerz, wenn es aus seinen sanften Augen weint. Eine Frau hat das beschrieben. Auch sie längst tot. Und ich komme nicht los davon, es geht nicht, ich komme von dem Bild nicht los, daß ein Tier Tränen weint. Der Hund neben den von der Bombe zerfetzten Zigeunern, der hat geweint, es gibt immer einen, der sowas zum ersten Mal sieht, ich bin es nie. Und wenn ein Tier weint, dann weinen sogar gemalte Blätter an den Scheiben, die ja gar nicht echt sind, sie fangen an, vor lauter Wärme zu weinen. Das Weinen eines Menschen rührt an nichts. Das Weinen eines Tiers, wenn es bestraft wurde und nicht weiß, warum, erschüttert, faßt unseren Körper, als wären wir die Beute von etwas, das wir nicht kennen. Es hat sich doch so angestrengt, das Tier, uns alles recht zu machen, es ist bis aufs Blut geprügelt worden, jetzt weint es, es weiß nicht um sich, es kennt noch die grünen Wiesen, das lustige Vogelgeschrei, das hat es in seinem Bewußtsein, oder wo das halt passiert, gespeichert. Das Tier, das hat es gekannt, hat alles gewußt, das Tier kann kein Träumer sein, wenn es seine saftigen Weiden verloren hat, es hat sie gespeichert, es kennt sie noch, die grünen Wiesen, wo es gut war, aber jetzt hebt es mit einem Ausdruck in den sanften schwarzen Augen, wie meine Freundin mir heute und immer schreibt, sein Gesicht, mit dem Ausdruck eines Kindes, das hart bestraft worden ist und nicht weiß, wieso und wie es der Strafe entgehen soll. Die Tränen rinnen ihm herunter, ich kann nicht, ich kann nicht. Dieses Tier weiß nicht, wie es der rohen Gewalt, der Strafe entgehen soll, mir rinnt jetzt das Wasser vom Leib, es rinnt mir herunter, das arme Tier, so wird mir geschrieben, so wird nur mir geschrieben, kommt mir vor. Wieso wird anderen das nicht geschrieben? Wie anders schien diesem Tier früher dort die Sonne, wo es war, wo es schöner war, wo es zu Haus war, das Tier, wie anders blies der Wind, wie anders waren die Laute der Vögel, sie waren lustig, es herrschte lustiges Vogelgeschrei.

Ich wache auf. Ich bin nichts, ich bin kein Tier, aber ich bin nichts in dieser fremden schaurigen Stadt, in der dauernd Schirennen und Menschenrennen und Marathonrennen für Menschen und Frauen stattfinden, ich bin nichts, ich weiß auch nicht, wo ich bin, ich kann nichts gewesen sein, sonst wüßte ich das, ich hätte eine Nummer, ein Kennzeichen, man würde mich daran erkennen, wenigstens diese Nummer würde man kennen, und wie viele werden erst über mein Ende jubeln, wenn sie mich erst kennengelernt haben!, na ja, nicht alle, manche werden trauern, aber viele werden jubeln, sie werden ja schon jubeln, wenn sie die Reihe meiner Kinder anschauen, die nie geboren wurden, und sie werden sagen: die Glücklichen! Die wissen nicht, was ihnen erspart geblieben ist!

Die Frau hat etwas geschrieben, und jetzt wird sie in den Kopf getroffen, ein kleines Kaliber mit einem noch kleineren. Ich treffe niemand, und dennoch: Dafür werde ich verhältnismäßig oft getroffen. Diese Frau ist tot. Schon aus der Entfernung sieht man unter der Stadtbahnbrücke, nicht weit vom Südufer, vielleicht eineinhalb Meter oder so, wenn überhaupt so weit, einen Gegenstand im Wasser liegen, der vom Wasser wahrscheinlich ein Stück fortgetragen wurde, hier aber gestrandet ist. Zuerst sah der Gegenstand aus wie ein aufgeblasener Taucheranzug, trat man aber dichter heran, betrachtete man den Gegenstand genauer, sah man, daß es eine Frau war. Von denen gibt es ja viele. Kein Grund zur Aufregung. Ich entschließe mich zum Weggehen, was soll ich mit diesem Gegenstand? Da kommen mir zwei Mädels entgegen, ich bleibe stehen und schaue, ob die auch zu der Fundstelle gehen, wie ich vorhin, was sie auch tun. Ich kehre um und frage sie, ob sie das für eine Leiche halten, was sie bejahen, indem sie auf die mit Handschuhen bedeckten Hände weisen, die ich jetzt auch deutlich erkennen kann. Ja, das ist eine Frau, die wahrscheinlich einmal gelebt hat. Lang, lang ists her. Das Sagen ist einfach, und daher sage ich es halt auch. Es ist eine Frau, die einmal gelebt haben muß, sonst wäre sie nicht hier, sonst wäre sie nicht einmal als Tote hier. Sie hat gelebt, und jetzt ist sie eben hier gelandet, jetzt ist sie hier angelandet. Sie hat angelegt. Die Abfahrer können wie immer so auch jetzt ungehindert fahren, die Anleger werden enttäuscht, so oft enttäuscht, von mir aus, doch ich bin ihnen noch egaler als egal, aber sie können von mir aus schon fahren, ich verbiete es ihnen nicht, ich hebe die Schranke, die die Abfahrer von den Lebenden trennt und die Anleger von den Liegenden, sie können alle fahren, wohin auch immer, von mir aus, denn das, was hier angelandet ist, wird sie zwar nicht ersetzen können, wenn sie weg sind, wenn sie das Angelegte wieder abheben, wenn sie abheben, doch das Gleichgewicht an Menschen ist wieder hergestellt, es kommen ja immer neue dazu, es kommen immer neue zur Liftstation und zum Anlageberater. Das ist den Abfahrern und den anderen Anlegern total gleichgültig und überhaupt allen andern auch, wenn sie mal ganz oben sind. Wenn sie es geschafft haben. Diese Frau, meinen Sie, die ist als Beute hier? Nein, wer würde die schon wollen?, sie wird nicht wiederhergestellt werden können, das sieht man ihr an, aber sie wird von total abgefahrenen Menschen recht bald ersetzt werden, vollständig ersetzt werden. Sie ist weg. Jetzt ist die Gegenwart, und die will ihren Gegenwert! Eine tote Frau ist dafür nicht geeignet, aber in ihre Kissen findet sie auch wieder nicht. Diese Frau behalte ich mir, wenn auch nicht in meinem Bett, behalte sie mir als Ersatz für die Abfahrer und Anleger, die ich nicht mehr einholen oder hereinlegen kann. Behalte ich mir halt die Frau, es will sie ja sonst keiner haben. Sie und ich, wir wollen uns immer im Guten und Argen erlaben, wen interessierts? Wir hoffen schon lang nicht mehr, was die Menschen übrigließen, wiederzufinden auf unseren Kissen. Was abgefahren ist, das ist weg, das rast lustig in die Welt hinein, dem Ende entgegen, aber immerhin, das wissen sie ja nicht, das Ende wissen sie ja nicht, gegen Wind und Wetter, wissen nicht, was unterm Strich herauskommt, immer lustig in die Welt hinein und immer möglichst steil bergab, damit es mehr Spaß macht, lustig gegen Wind und Wetter, der will kein Gott auf Erden sein, dieser Abfahrer, das will ich ihm gerne glauben, aber für uns ist er einer, ein Gott, der ist ein Gott für uns. Was endlich abgefahren ist, lustig abgefahren ist, höre nicht, was er mir sagt, was er mir noch zuruft, im Abtauchen, habe keine Ohren, fliegt der Schnee ihm ins Gesicht, schüttelt er ihn halt herunter, höre nicht, was er mir sagt, er sagt es ja auch nicht zu mir, fühle nicht, was es mir klagt, Klagen ist für Toren, aber der klagt ja gar nicht!, der ist der letzte, der klagen würde, warum soll der klagen, der Abfahrer, lustig in die Welt hinein, gegen Wind und Wetter. Es tobt an der Piste Rand, etwas tobt, er sieht es nur aus den Augenwinkeln, schon ist er vorbei, schon ist er an mir vorbei, der will kein Gott auf Erden sein, ist aber einer.

Die Pistenlautsprecher brüllen los, die Pistenraupen kriechen und walzen, schon wieder ist einer dagegengeknallt!, dafür ist diese Piste beschallt, diese Piste wird beschallt, hören Sie die Musik denn nicht?, ja, von dort kommt die her!, es tobt aus den Lautsprechern, man hört sein eigenes Wort nicht mehr, man hört das Sirren der Kanten auf dem Eis nicht mehr, man läßt die Luft nicht ruhig sein, man läßt die Luft nicht in Ruh, niemand wird in Ruh gelassen, wer will denn auch Ruhe?, im Grab wird Ruhe sein, aber hier soll nicht Ruhe sein, so zieht er seine Straße, der Abfahrer, ja, der auch, meinetwegen, es brüllen die Pistenlautsprecher uns an, nein, die sprechen mich persönlich nicht an. Ich möchte etwas anderes hören, aber wer fragt mich schon? Was abgefahren ist, sollte sofort wenigstens durch Totes ersetzt werden dürfen, das einmal gelebt haben muß, das ist die Bedingung, sonst gäbe es das Tote ja nicht. So wären wir für immer vollständig. Die Lebenden und die Toten würden sich die Waage halten und dann selbst aufs Brett draufspringen, und es würde zur Neige gehen, es würde alles sich neigen, es muß sich alles, alles wenden. Alles, was abgefahren wäre, würde sofort ersetzt werden, und so sind wir immer gleich viele, es ist mir gleich, wie viele wir sind, doch die Zahl muß immer stimmen, es muß immer einen Ausgleich geben, Arbeit und Sport, das ist zum Beispiel so ein Ausgleich. Aber was abgefahren ist, muß aus Menschenbestand wieder aufgeforstet werden und dann auf ewig bei uns bleiben. Alles muß bleiben. Alles darf gehen, aber dafür muß etwas anderes bleiben, damit wir wieder alle und vollzählig sind. Was weg ist, ist weg. Immer mal was Neues kommt dafür und an seiner Stelle. Meine Stelle können Sie dafür auch haben, bittesehr! Was abgefahren ist, zu seinem Vergnügen, als Gott unter Göttern, das muß ersetzt werden. Natürlich nicht durch solche wie mich, lebende Tote, sondern durch richtige, echte Tote. Der Schadensverursacher, der Tod, muß auch Schadensersatz leisten. Er muß für Totes Ersatz leisten. Da machen wir doch gleich Nägel mit Köpfen und nehmen richtige, echte Tote, und sofort ist der Abfahrer ersetzt. Es schaut ja keiner nach. Die Toten sind doch still. Alle anderen sind umso lauter. Die Lautsprecher: auch laut. Und dennoch ist die Luft ruhig, die Welt ist licht, als noch die Stürme tobten, riskierte man die Abfahrt nicht.

So, da steh ich also mit meiner alten Leier, immer der gleichen. Wer will dergleichen hören? Niemand. Immer dieselbe Leier, aber das Lied ist doch nicht immer dasselbe! Ich schwöre, es ist immer ein anderes, auch wenn es sich nicht so anhört, wenn es sich manchmal mit anderen Liedern überschneidet, man kann meins immer noch heraushören, auch wenn die Pistenlautsprecher toben, kann man mein Lied noch hören, oder? Voraussetzung allerdings: Die Abfahrer sind weg, die Anleger sind gegangen, der letzte Lift ist gekommen und stehengeblieben, und nur noch wir Tote sind übrig. Nur noch wir Tote sind da und drehen jetzt mächtig auf. Wir können nicht mehr richtig aufdrehen, denn es ist nicht viel, was wir können, aber irgendwas drehen können wir noch. Es ist immer die gleiche alte Leier. Wir würden so gern noch leben! Keiner hört mir mehr zu, das ist mir natürlich bewußt. Aber ich komm immer wieder mit der gleichen alten Leier an. Ich möchte so gern noch leben! Alle übertönen mich, nicht nur die Pistenlautsprecher, inzwischen übertönen sogar leise Gespräche an Wirtshaustischen, an denen ich keinen Stammplatz habe, mein Leiern, mein endloses Geseire, mein Geleiere. Das weiß ich eh. Das weiß ich. Ich weiß, daß Sie das schon nicht mehr hören können, Sie haben es mir ja oft genug gesagt, aber ich kann halt nichts anderes. Soll ich etwa auch Schifahren?

Das kann ich wieder nicht, nicht mehr. Soll ich etwa an einem Tisch sitzen und mit jemand sprechen? Das kann ich nicht. Ich schwanke in mir selber hin und her, soll ich, soll ich nicht? Ich sollte besser nicht. Mein Teller ist immer voll, weil kein andrer ihn leeren mag. Der bleibt voll. Fein! Verhungern kann ich schon mal nicht. Aber keiner mag mich hören, und das wäre mir doch wichtig! Am vollen Teller könnte ich verhungern, weil ich immer noch mit meiner alten Leier kommen muß und keine Zeit zum Essen habe. Die Kunst ist mir wichtiger. Hab keine Zeit, meinen Teller zu leeren, muß meine Leier drehen, obwohl wirklich schon jeder kennt, was ich da leiere. Keinen interessierts, was ich gut verstehen kann. Ich kanns ja selbst nicht mehr hören, vielen Dank.

Immer dasselbe, das muß Ihnen doch selber schon zum Hals heraushängen! Wie halten Sie das nur aus? Sie müssen sich das doch selber auch anhören! Sie sind sich doch so nah! Sie sind Ihr einziger Angehöriger. Bitte, die Lautsprecher sind schon sehr laut, was ja schließlich von ihnen verlangt wird, aber Sie selbst müssen doch wenigstens etwas, ein paar Fetzen von dem hören, was Sie uns da schon wieder vorleiern wollen, immer dasselbe, wie halten Sie das nur aus? Keiner mag Sie hören, keiner sieht Sie an, jeder postet an jeder Ecke, in jedem Forum gegen Sie an, jeder ist wichtiger als Sie, und haben Sie immer noch nichts daraus gelernt? Immer dasselbe, fällt Ihnen denn nichts andres ein? Was ist das für eine Sprache, die Sie da sprechen? Wer soll denn das verstehen? Was ist Ihre Sprache überhaupt, was für ein Zeug ist das, alles aus zweiter, dritter Hand!, denn Ihre eigenen Hände fassen ja nichts, was für ein Zeugs, was für ein Herumgelabere ist das, was Sie da in der Welt herumgehen lassen, wie es will, denn daß Sie das so wollen, glauben wir Ihnen gern, aber was können wir dafür? Wir hören nicht zu, da können Sie machen, was Sie wollen. Machen Sie mal was dagegen, daß wir nicht zuhören! Was soll das? Zwingen können Sie uns nicht! Ihre Leier steht nicht still, die scheint nie mehr stillestehen zu wollen, aber wieso leiern Sie dann das ewig gleiche alte Zeugs daher, wo Ihnen doch eh keiner zuhört? Ihre Leier nimmt Ihnen keiner weg, aber warum lernen Sie kein andres Lied, warum drehen Sie mit Ihren starren Fingern nicht etwas Flotteres, Neueres? Immerhin, Ihre Ausdauer bewundern wir, wunderliche Alte, das bewundern wir irgendwie, daß Sie noch immer nicht aufhören, sollen wir mit Ihnen gehen, ein Stück? Nein, das können Sie nicht von uns verlangen. Wir kennen das alles schon, Sie sollten nicht alles gehen lassen, wie es kommt, Sie sollten es endlich kommen lassen, aber Sie wissen ja nicht, wie es geht. Das können Sie von uns nicht verlangen, daß wir zu Ihren fauligen Liedern, immer denselben, die vor zwanzig, dreißig, vierzig Jahren schon niemand mehr hören wollte, Ihre Leier Ihnen auch noch drehn! Das müssen Sie schon selber machen. Willst vielleicht zu unseren Liedern deine Leier drehn, wunderliche Alte? Unsere Lieder sind viel schöner! Das hören Sie doch wohl selber, oder? Hier, aus den Pistenlautsprechern können Sie sie doch deutlich hören, und dann können Sie sie sogar nachspielen, oder hören Sie schlecht? Das ist es, was wir hören wollen! Lauter können wir Ihnen das nun wirklich nicht vorspielen, es reißt ja schon uns die Ohren aus dem Kopf, aber genauso wollen wir es haben, und das wollen wir genauso hören. Und wir sind viele! Und hinter uns kommen noch mehr, und alle wollen wir das hören! Sie sind sich wohl zu gut dafür, oder? Wollen zu Ihrer Leier Ihre eigenen Lieder hören? Wollen nicht, daß wir mit Ihnen gehen? Nun, da treffen sich unsere Wünsche, denn auch wir wollen mit Ihnen nicht mitgehen. Wir würden nach einer halben Stunde wahnsinnig, müßten wir immer wieder nur Ihre alte Leier hören, die uns vor Jahrzehnten schon auf die Nerven ging, und jetzt leiern Sie das immer noch herunter! Glauben Sie, wir merken das nicht, daß Sie selber es schon nicht mehr hören können? Und vor Ihnen haben das schon andere gesagt, nur besser! Aber zu was Neuem sind Sie zu faul. Da können wilde Hunde nach Ihren Knöcheln schnappen, Sie werden nicht schneller, Sie bewegen sich keinen Millimeter, seit wir Sie kennen. Wollen Sie nicht mal was Neues einüben? Aus den Lautsprechern hören Sie es ja, das werden Sie doch wohl noch nachspielen können, wo Sie es so oft gehört haben! Nein, lauter gehts nicht, wir haben schon voll aufgedreht. Schauen Sie, fröhliche, berauschte, ekstatische Menschen, mit riesigen Pupillen, die sich selbst wie Drillbohrer in Ihre Vertrauensseligkeit einlochen, stürzen sich auf einmal, und diesmal völlig unerwartet, nicht einmal das haben Sie erwartet!, vor Ihren Augen hinab. Die sind doch vorhin noch recht schlüssig auf dem Eis herumgestanden! Und das Herunterstürzen machen sie aus reiner Freude! Nicht was Sie glauben! Schmerz? Durch ein helles, frohes Leben können auch Sie den Schmerz betäuben, Sie können sich sich selber als Pflicht aufbürden und ja, Sie können auch sprechen. Tun Sie das genau hier!

Sprechen Sie! Der Schmerz macht dann keinen Mucks mehr in Ihnen. Diese Menschen würden nicht so oft und so gern abfahren, wenn sie nicht die ganze Zeit schon diese schöne Musik aus den Lautsprechern, aus diesen riesigen Boxen hörten, die zu hoch sind, als daß man sein Glas auf ihnen abstellen könnte. Die Menschen hören, selbst ein dunkles Gebilde, ein sirrender Schwarm, der sie sind, weil sie immer so brüllen, in eine andre trübe Wolke aus rasendem Schall hinein, sie können die Ansage nicht verstehen und nicht verstehen, was grade angesagt ist. Wenn sie dieses schöne Licht aus den Flutwerfern sehen könnten, als diese trübe Wolke, die durch die heitere Luft schneidet, dann würden sie nicht zögern und sofort abfahren, nur damit diese Musik überallhin mitfährt, sie begleitet, nicht ohne meine Musik!, ohne meine Musik geh ich nirgendwohin!, so, die kommt jetzt in die Ohren, die wird in die Ohren gesteckt, und ich entspreche ihrem Rufcharakter gern, da mir die Möglichkeit des Hörens gegeben ist. Ich will nur diese Musik hören und aus. Lassen Sie mich in Ruhe, die keine Ruhe ist, das ist meine Art von Ruhe, daß es keine ist! Lassen Sie es doch auch gehen, wie es will, es will eh immer nur weg von Ihnen! Lassen Sie es gehen, alles, wie es will, drehen Sie Ihre Leier weiter, uns ist das egal, wir hören es eh nicht, diese Musik an den Pistenrändern ist viel zu laut, zum Glück habe ich meine eigene auch noch mitgebracht! Schauen Sie, hier! In meinem Ohr wohnt sie, und dort wohnt sie gern! Lassen Sie los, lassen Sie es genauso gehen, alles, wie es will, lassen Sie es gehen, ich sagte es schon, gehenlassen!, einfach gehenlassen!, wer will, soll gehen, eine Musik, die Sie nicht wollen?, soll auch gehen!, Moment, gleich sagt man Ihnen, welche Musik Sie hören sollen und welche nicht, dann stöpseln Sie sich diese Musik ein und gehen mit ihr herum, führen Ihre Musik herum wie ein bäumendes Tier, das wütend an der Leine zerrt. Hören Sie nicht auf andere, oder hören Sie nur auf sie, wenn Ihnen Ihre Musik angesagt wird! Dann dürfen Sie auf alle anderen hören. Und auch wenn Ihre Leier dann immer noch nicht stillstehen mag, weil Sie eine andre Musik hören sollen, weil das von Ihnen verlangt wird, Sie werden es trotzdem müssen, Sie werden hören müssen, Sie werden dem nicht entkommen können, was man Ihnen sagt, bis Ihnen Hören und Sehen vergehen. Das mußte ja kommen.

Aber hör ich recht? Können Sie das denn überhaupt: auf andere hören? Kann Ihr Mitsein mit anderen bewirken, daß Sie auf die auch einmal hören? Bitte, ich hör ja schon auf, ich bin ja schon ruhig! Überhören Sie ruhig mein Gerede, weil Sie auf Ihr eigenes Selbst hören wollen, das Ihnen für Ihren Geschmack leider immer zu leise daherkommt! Aber da ist nichts, denn Ihr Selbst hat sich längst selbst überhört, und es hat sich an Ihnen überhört. Das werden Sie nicht wiederfinden, Ihr Selbst werden Sie nicht mehr finden, das Sie im dauernden Hinhören überhört haben, im Hinhören auf das, was alle hören. Hören Sie nicht hin, mit Ihrem Hinhören wird sonst etwas Schreckliches passieren, es wird gebrochen werden, von Ihrem Leben gebrochen werden, um einer neuen Möglichkeit des Hörens Platz zu machen, die das Brüllen der Lieder unterbrechen wird, das Toben vom Pistenrand abbrechen wird, und das werden Sie dann auch nicht wollen.

Es ist plötzlich Stille, in der nur Sie sich selber hören, na ja, aber den Mut, diese Musik von außen zu unterbrechen, den müssen Sie erst mal aufbringen, es sind ja auch andre beteiligt, die das Stampfen und Wummern vielleicht noch länger hören wollen! Die haben Sie jetzt alle auch unterbrochen! Die wollen das vielleicht nicht. Die wollen nicht, daß ihre Rufe gebrochen werden, und auch nicht, daß ihr Hinhören unterbrochen wird und sie plötzlich in sich selbst ein Hören aufwecken müssen, das dann nur sie allein hören, jeder ein andres, das Hören selbst ginge dabei natürlich verloren. Es wäre ein anderes Hören, wenn jeder auf sein Inneres hören würde. Es geht nicht, daß jeder etwas andres hört, weil jeder ja ein anderes, ganz eigenes Inneres hat. Das geht einfach nicht. Es wäre schreckliche Stille, es würde ein schreckliches Schweigen überhandnehmen und uns an die Hand nehmen und mitschleifen, irgendwohin. Ein lärmloses Rufen gibt es nicht, ein stilles Heulen gibt es nicht. Sie schauen mich an. Ihre Leier leiert weiter, Sie aber müssen. absolut stillestehen, und keiner wird es hören, Ihr Drehen. Diesen Dreh kennen wir schon. Lustig in die Welt hinein, das wollen Sie uns wohl vorspielen? Daß Sie so lustig sind? Sie wollen immer noch, daß wir uns von Ihnen immer noch die gleiche Leier anhören? Aber das spielt es nicht. Das spielen Sie nicht, wir kennen Sie, Sie spielen immer was andres, das doch immer dasselbe ist. Und selbst wenn wir Ihr Lied hören wollten: Von Ihnen würden wir es nicht hören wollen. Wir würden es lieber von jemandem hören wollen, der es anders bringt, am liebsten ein ganz andres Lied würden wir hören! Immer ein neues, da kommt schon eins, das wollen wir! Ja, wir wollen was andres hören, das haben wir doch gerade zum Ausdruck gebracht, den wir selber nicht verstehen, haben Sie je diesen Ausdruck gehört, haben Sie je etwas so Ausdrucksvolles gehört? Wenns aber sein muß, wenn aber die gleiche alte Leier unbedingt sein muß, dann bitte anders! Das muß doch möglich sein. Ihre Füße wärmen das Eis schon auf, wir sehen, daß Sie gleich versinken werden, sehr unvorsichtig von Ihnen, das Eis, auf dem Sie stehen, mit Ihren Sohlen aufzuwärmen, das knallt dann wie ein Stöpsel mit Ihnen nach unten, und Ihre Standhaftigkeit wird nirgends mehr haften. Sie werden ins Wasser hinuntersinken, müd zum Niedersinken?, das können Sie sich dann nicht mehr aussuchen. Das können Sie sich abschminken. Sie werden, wenn das Eis unter Ihren Füßen schmilzt, ins Wasser sinken, Sie werden die eigene kleine Grundfläche, auf der Sie stehen und die ausgerechnet aus Eis besteht, Sie haben sich das ja so ausgesucht, mit sich selbst zerschmelzen. Sie haben sich selbst jede Grundlage entzogen. Die stimmlichen Verlautbarungen haben Sie längst übertönt, Sie haben Ihre Stimme gefährdet, als Sie sie überschreien wollten, Sie haben sich und Ihre einzelne Stimme in Gefahr gebracht, weil Sie ihr jede Grundlage entzogen haben, ohne Grund und ohne Lage, Sie haben Ihre Stimme selbst versenkt, als Sie sich auf dieses brüchige Eis gestellt haben, noch dazu barfuß!, ungeschützt! Dumm von Ihnen!, dumm gelaufen!, Sie wollten uns mit Ihrer Stimme nichts mehr zu verstehen geben, und da war dann auch nichts mehr zu verstehen. Sie sind auf Ihren eigenen leichten Menschensohlen, die das Eis geschmolzen haben, das Ihre ganze Grundfläche gewesen ist, Ihre ganze Standfestigkeit, versunken und verschwunden. Wir glauben, daß Sie dann sogar unter Wasser Ihre Leier drehen werden, leider, und immer nur in dieselbe Richtung, in die einzige Richtung, die Sie kennen, denn Sie können einfach nicht aufhören, hier sieht man es ja, man sieht es an den kleinen Wellen, an den Luftblasen, die aufsteigen: Sie können nicht aufhören. Nicht einmal dort unten. Sie wollen aufrütteln, doch Sie sind längst im dunklen Wasser unter dem Eis, wo es ruhig ist und kalt, wo Ihnen die Finger einfrieren werden. Dort rütteln Sie an nichts mehr! Sie rufen von unten herauf, aus der Ferne in die Ferne. Doch dort ist niemand mehr, wahrscheinlich war dort nie jemand, und Sie haben es nur nicht bemerkt, weil Sie dermaßen auf Ihre blöde ewige Leier konzentriert waren. Es hört keiner zu. Und Sie merken das nicht, nicht einmal jetzt, da Sie verschwunden sind, denn Ihre Sohlen sind durch das Eis ins Nichts getreten. Hätten Sie dem Eis getraut, hätten Sie ihm getraut, daß es Wasser ist und bodenlos, Sie wären nicht versunken in diesem Irrlicht von einem Eis, in diesem Flutlicht auf einem Eis, das Sie getäuscht hat. Aber das Rufen, ich glaube, es war auch Ihres, denn es hat bis jetzt keiner Anspruch darauf erhoben, ist längst verstummt. Keiner mehr da. Wir glauben, es liegt an Ihnen! Sie mag keiner hören und nein, bevor Sie fragen: Ihre Leier können wir nicht mehr hören. Wie oft sollen wir das noch sagen? Sie würde man vielleicht hören wollen, wenn Sie jemand andrer wären, aber dann wäre auch Ihr Lied endlich ein andres, und wir würden es hören wollen, oder es wäre endlich ganz zu Ende. Herzlich willkommen! Endlich! Endlich mal was andres! Und da ist uns auch egal, ob es von Ihnen, von den Pistenrändern oder von jemand anderem kommt, das Andere, auf dieser Freilichtbühne in 2500 Meter Höhe, am Gletscher, auf der Profana-Alm, solang es ihn noch gibt, den Gletscher, ja, von der her schallt es jetzt auch, laut, so laut, es wird sich nicht mischen, nichts anderes wird uns etwas sagen dürfen, nichts wird sich mit den Lautsprechern vermischen, wir hören gern, was man uns sagt, wir haben keine Ohren mehr, aber wir hören trotzdem immer gern, was man uns sagt. Sie mit Ihrer ewigen alten Leier wollen wir nicht hören. Ihr Teller ist voll, das muß Ihnen genügen. Sie sind in der Tiefe verschwunden, im Wasser, das immer nachgibt. Es genügt uns. Wir essen Ihnen nichts weg, doch das wäre egal, Sie sind ja nicht mehr da, wir sehen Ihnen nichts an, wir hören Ihnen nichts weg, wir schauen Ihnen nichts ab, denn Sie sind ohnedies fort. Niemand hört etwas von Ihnen. Hören Sie nicht, daß es hier viel zu laut ist? Nicht einmal, wenn wir wollten, könnten wir Sie noch hören. Drehen Sie nur, was Sie können. Es hört keiner. In der Tiefe ist keiner mehr, der Sie hören könnte. Etwas andres würden wir schon hören wollen, und das hören wir jetzt auch. Sie sind ja endlich fort. Sie sind unter dem Eis. Es kommt die ganze Zeit von überallher, von überallher, es brüllt, es tobt, es schwemmt uns fort. So ein gutes Gefühl, vom Wasser fortgespült zu werden, so stellen wir uns das vor, nur Sie können das wieder mal nicht genießen, ein schönes Gefühl, wir sind ja auch nicht so versunken wie Sie. Ist sicher ein gutes Gefühl, wenn auch nicht unseres, von den Tränen aus Ihren Augen, vom in Schollen zerspringenden Eis, vom schmelzenden Schnee fortgespült zu werden, niemand mehr sein zu müssen, niemals mehr jemand sein zu müssen. Aber Sie, bilden

Sie sich nur nichts ein! Sie waren schon vorher niemand, und das bleiben Sie auch. Was Sie reden leerer Schall, Sie sind eine Fremde überall. Bilden Sie sich nur ja nichts drauf ein! Ich glaube, Sie bilden sich immer noch was drauf ein! Wie kommen Sie darauf? Wir sind alle Fremde, wir haben alle hier ein Quartier gebucht, wir haben alle Bücher, wir buchen alles, was wir nur können. Und was haben Sie zu verbuchen? Fremd eingezogen, fremd ausgezogen, die Leier drehend, immer dieselbe Leier, immer dasselbe? Sie hätten eine andre Reise wählen können, Sie hätten mit der Zeit endlich eine andre Reise und eine andre Leier wählen können, doch das wäre dann keine Zeit mehr gewesen und keine Leier. Das hätte auch außerhalb des Wassers, außerhalb der Tiefe stattfinden können. Das wäre dann was andres gewesen. Das wäre was gewesen! Ja, das wäre natürlich was andres gewesen!

Wilhelm Müller/Franz Schubert: *Winterreise*
Martin Heidegger: der Ärmste!, arm wie immer alles übrige, was bleibt mir übrig? Was bleibt dem Reisen? Nur Sein und Zeit. Und das ist schon viel!
Natascha Kampusch in: *3096 Tage Gefangenschaft*, ARD-Dokumentation von Peter Reichard und Alina Teodorescu

Winterreise entstand auf Anregung der Münchner Kammerspiele.

Das für dieses Buch verwendete Papier ist FSC®-zertifiziert.